高职高专"十三五"规划教材·通信信号类

铁路传输系统

主编 徐振华

文泉云盘
防盗码

刮开涂层，使用微信扫描二维码，即可获取本书更丰富电子资源。

注意：本书使用"一书一码"版权保护技术，在您扫描后，该二维码对其他手机将失效。

北京交通大学出版社
·北京·

内 容 简 介

本书的主要内容包括：认识铁路传输系统、理解 SDH 原理、构建 SDH 传输网、配置传输网业务和保护、传输网运行维护、构建 PTN 承载网、配置承载网业务和保护、构建 OTN 光传送网。

本书可作为高职院校轨道交通通信专业教材，也可作为从事轨道交通企业通信设备维护岗位职工的培训教材，还可作为从事通信设备维护的工程技术人员和科技人员的参考用书。

图书在版编目（CIP）数据

铁路传输系统/徐振华主编. —北京：北京交通大学出版社，2020.1
ISBN 978-7-5121-4139-1

Ⅰ. ① 铁…　Ⅱ. ① 徐…　Ⅲ. ① 铁路通信–输电线路–通信传输系统–高等职业教育–教材　Ⅳ. ① U285.5

中国版本图书馆 CIP 数据核字（2020）第 008641 号

铁路传输系统
TIELU CHUANSHU XITONG

策划编辑：韩 乐　责任编辑：陈可亮	
出版发行：北京交通大学出版社	电话：010-51686414　http://www.bjtup.com.cn
地　　址：北京市海淀区高梁桥斜街 44 号	邮编：100044
印　刷　者：北京时代华都印刷有限公司	
经　　销：全国新华书店	
开　　本：185 mm×260 mm　印张：16.25　字数：373 千字	
版　　次：2020 年 1 月第 1 版　2020 年 1 月第 1 次印刷	
书　　号：ISBN 978-7-5121-4139-1/U·403	
印　　数：1～2 000 册　定价：46.00 元	

本书如有质量问题，请向北京交通大学出版社质监组反映。对您的意见和批评，我们表示欢迎和感谢。
投诉电话：010-51686043，51686008；传真：010-62225406；E-mail：press@bjtu.edu.cn。

前言

　　随着我国铁路营业里程增加和大量线路的开通，需要大量的通信专业技术人员，按照"十三五"铁路用工总量规划，2016—2020 年国家铁路新增人员预计 32.2 万人。其中，对铁路传输设备维护人员需求量预计 6 000 人。铁路传输设备维护人员主要负责对传输设备进行日常检修与维护，包括计划性检修和周期性检修，对损坏、老化的设备进行维修或更换。

　　本书参考国家职业标准《铁路通信工国家职业标准》编写，适用于铁路传输设备维护人员理论知识学习和技能训练。

　　本书分为 4 个模块，共 10 个任务，系统讲述了铁路传输系统的主要技术。

　　模块 1 主要介绍铁路传输系统，主要内容包括：铁路传输系统在铁路通信系统中的地位和作用；铁路传输系统的结构、基本知识和主要设备。

　　模块 2 主要介绍 SDH 传输网，主要内容包括：SDH 原理；构建传输网；配置传输网的业务和保护；传输网的运行维护。

　　模块 3 主要介绍 PTN 承载网，主要内容包括：PTN 原理；构建承载网；配置承载网的业务和保护。

　　模块 4 主要介绍 OTN 光传送网，主要内容包括：DWDM 原理；OTN 产品介绍。

　　本书由广州铁路职业技术学院徐振华主编，编写过程中得到了中国铁路广州局集团有限公司广州通信段和中兴通讯有限公司工程师的大力支持，在此表示衷心的感谢。

　　限于编者水平，书中难免存在疏漏及不妥之处，敬请读者批评指正。

编　者

2019 年 11 月

目 录

模块 1　铁路传输系统概述

模块 2　SDH

模块 3　PTN

模块 4　OTN

模块 1

铁路传输系统概述

任务 1

认识铁路传输系统

1.1 铁路通信系统

铁路通信信号是运输生产的基础，是铁路实现集中统一指挥的重要手段，是保证行车安全、提高运输效率和改进管理水平的重要设施。铁路通信网应满足指挥列车运行、组织运输生产及进行公务联络等要求，做到迅速、准确、安全、可靠，以及能够传输电话、电报、数据、传真、图像等话音和非话音业务信息等。

铁路通信是专门为铁路的运输管理、生活服务等建立的一整套通信系统。铁路通信系统可以分为 14 个子系统，组成结构如图 1-1 所示。

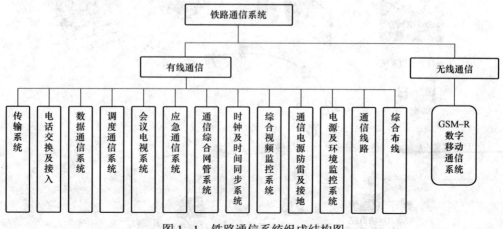

图 1-1 铁路通信系统组成结构图

1.2 铁路传输系统

传输系统是通信网的重要组成部分，主要承载各种话音、数据及视频业务的传送任务。传输系统按照传输媒介不同，可分为有线传输系统和无线传输系统。有线传输系统包括电缆传输系统和光纤传输系统；无线传输系统包括移动通信系统、微波传输系统、卫星传输系统等。本书中的传输系统是指光纤传输系统，其基本结构如图 1-2 所示。

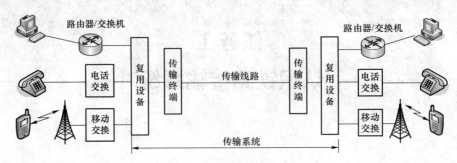

图 1-2　传输系统的基本结构

1.2.1　铁路传输系统结构

我国铁路传输网作为铁路通信系统的大动脉，承载着所有系统的信息传输，如 GSM-R（专用移动通信）、调度通信与数据、会议电视、视频监控等业务。传输系统的作用如图 1-3 所示。随着近几年铁路信息化、客运专线建设的加快，其承载的语音、数据、图像、视频等信息更加丰富，可靠性要求也会更高。

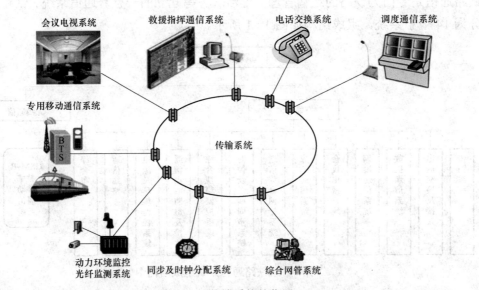

图 1-3　传输系统的作用

我国铁路传输网的网络结构总体上可分为三层，从高到低依次为骨干层、汇聚层和接入层，如图 1-4 所示。

骨干层连接国家铁路集团公司和 18 个铁路局（集团公司），为路局至铁道部、路局与路局之间的直达业务互通提供传输通道，同时为汇聚层大颗粒业务提供迂回保护通道。汇聚层以各路局为单位，构建路局内的骨干光传送网络（如波分系统及 SDH 系统），实现局内各站段间大颗粒业务传送、各站段至路局调度所的业务传送，同时为沿线 SDH 接入层提供保护。接入层为铁路沿线每个区间节点及较大的接入业务站点提供接入服务。

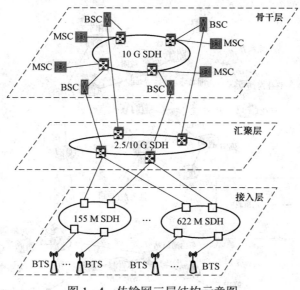

图 1-4 传输网三层结构示意图

现有全路骨干层传输系统主要划分为五大环：京沪穗核心环，以及东南环、西南环、西北环、东北环共 4 个片区环。铁路通信回归铁道部后，东北环一（16 波系统）、京沪穗环一（北电设备）、西南环、西北环、东南环网络的管理划转铁路。铁路传输网骨干层五大环概况见表 1-1。

表 1-1 铁路传输网骨干层五大环概况

序号	波分系统名称	波道数量	设备厂家	开通时间
1	京沪穗环一	40×10 G 系统	北电公司	2001.12
2	东南环	40×10 G 系统	北电公司	2002
3	西南环	32×2.5 G 系统	华为公司	2002
4	西北环一/二	40×2.5 G/40×2.5 G 系统	中兴公司/马可尼	2006.6/2001.11
5	东北环一	16×2.5 G 系统	中兴公司	2003.12

广铁集团汇聚层传输系统由核心环、湘南环、湘北环、粤东环、粤西环、海南环，以及茂名—湛江—海口链组成，网络拓扑示意图如图 1-5 所示。

铁路传输网骨干层和汇聚层传输系统目前主要采用 DWDM+SDH/MSTP 制式，接入层传输系统目前主要采用 SDH/MSTP 制式，传输网目前主要采用环形网和链形网的拓扑结构。

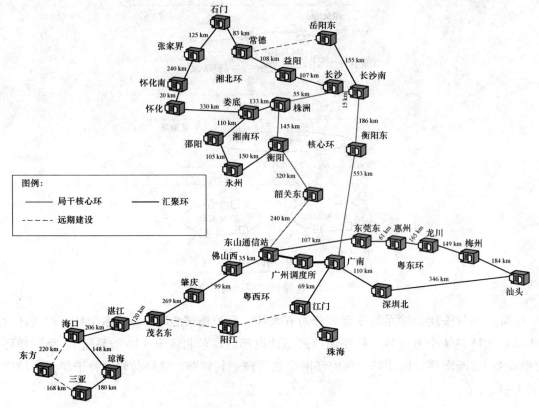

图 1-5　网络拓扑示意图

1.2.2　铁路传输系统基本知识

现代铁路传输系统主要指有线传输系统，采用的传输媒介包括架空明线、电缆、光缆。远距离传输采用光缆。本书主要介绍光纤通信技术。

1. 光纤通信系统

光纤通信系统由数据源、光发射端、光学信道和光接收端组成，如图 1-6 所示。其中数据源包括所有的信号源，它们是话音、图像、数据等业务经过信源编码所得到的信号；光发射机和调制器则负责将信号转变成适合于在光纤上传输的光信号。光学信道包括最基本的光纤，还有中继放大器 EDFA 等；而光接收机则接收光信号，并从中提取信息，然后转变成电信号，最后得到对应的话音、图像、数据等信息。

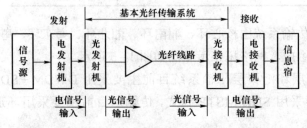

图 1-6　光纤通信系统结构图

2. 光发射机

光发射机是实现电/光转换的光端机。它由光源、驱动器和调制器组成。其功能是将来自于电端机的电信号对光源发出的光波进行调制，成为已调光波，然后再将已调的光信号耦合到光纤或光缆中传输，如图 1-7 所示。

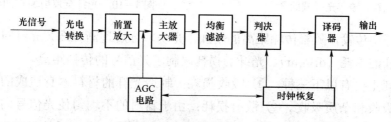

图 1-7 光发射机工作原理图

3. 中继器

含有光中继器的光纤传输系统称为光纤中继通信。光信号在光纤中传输一定的距离后，由于受到光纤衰减和色散的影响会产生能量衰减和波形失真，为保证通信质量，必须对衰减和失真达到一定程度的光信号及时进行放大和恢复。中继器由光检测器、光源和判决再生电路组成。它的作用有两个：一个是补偿光信号在光纤中传输时受到的衰减；另一个是对波形失真的脉冲进行整形。

4. 光接收机

光收信机是实现光/电转换的光端机。它由光检测器和光放大器组成。其功能是将光纤或光缆传输来的光信号，经光检测器转变为电信号；然后，再将这微弱的电信号经放大电路放大到足够的电平，送到接收端去，如图 1-8 所示。

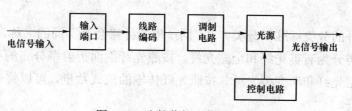

图 1-8 光接收机工作原理图

1.2.3 铁路传输系统主要设备

1. 光纤

光纤是光导纤维的简写，是一种由玻璃或塑料制成的纤维，可作为光传导工具。光导纤维是由两层折射率不同的玻璃组成。截面如图 1-9 所示，内层为光内芯，直径在几微米至几十微米，外层的直径为 0.1～0.2 mm。一般内芯玻璃的折射率比外层玻璃大 1%。根据光的折射和全反射原理，当光线射到内芯和外层界面的角度大于产生全反射的临界角时，光线透不过界面，全部反射，如图 1-10 所示。

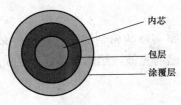

图 1-9　光纤截面图

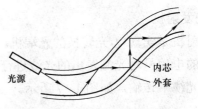

图 1-10　光纤全反射原理图

光波在光纤中传输，随着传输距离的增加，光功率强度逐渐减弱，光纤对光波产生衰减作用，称为光纤的损耗（dB/km）。光纤的损耗限制了光信号的传播距离。

光纤的损耗主要有以下三种。① 吸收损耗：制造光纤的材料本身造成的损耗，包括紫外吸收、红外吸收和杂质吸收。② 散射损耗：由于材料的不均匀使光信号向四面八方散射而引起的损耗称为瑞利散射损耗。③ 弯曲损耗（辐射损耗）：由光纤的弯曲引起。决定光纤衰减常数的损耗主要是吸收损耗和散射损耗，弯曲损耗对光纤衰减常数的影响不大。

光纤的色散主要有材料色散、波导色散、偏振模色散和模间色散四种。其中，模间色散是多模光纤所特有的。多模传输时，光纤各模式在同一波长下，因传输常数的切线分量不同、群速不同而引起色散。

材料色散是光纤材料的折射率随频率（波长）而变，可使信号的各频率（波长）群速不同引起色散。波导色散是由于不同频率下传输常数的切线分量不同、群速不同所引起的色散。偏振模色散是由于实际的光纤中基模含有两个相互垂直的偏振模，在光纤传播过程中，由于光纤难免受到外部的作用，如温度和压力等因素变化或扰动，使得两模式发生耦合，并且它们的传播速度也不尽相同，从而导致光脉冲展宽，引起信号失真。

色散限制了光纤的带宽-距离乘积值。色散越大，光纤中的带宽-距离乘积越小，在传输距离一定（距离由光纤衰减确定）时，带宽就越小。带宽的大小决定传输信息容量的大小。

根据不同光纤的分类标准和分类方法，同一根光纤将会有不同的名称。按照光纤的材料，可以将光纤的种类分为石英光纤和全塑光纤。按照光纤剖面折射率分布的不同，可以将光纤的种类分为阶跃型光纤和渐变型光纤。按照光纤传输的模式数量，可以将光纤的种类分为多模光纤和单模光纤。

光纤主要特点如下。

（1）传输频带宽，通信容量大。

采用波分复用（WDM）或光频分复用（OFDM）是增加光纤通信系统传输容量最有效的方法。

（2）损耗很小，中继距离长。

用作光纤的二氧化硅玻璃介质的纯净度增高，光纤的损耗降低。因此，中继距离可以很长，这样可在通信线路中减少中继站的数量，以降低成本并提高通信质量。

（3）抗电磁干扰能力强。

光纤是由纯度较高的电绝缘玻璃材料（二氧化硅）制成的，是不导电和无电感的，在有强烈电磁干扰的地区和场合中使用，光纤也不会产生感应电压、电流，光纤通信线路不受各种电磁场的干扰和闪电雷击的损坏。

（4）不产生串话，保密性强。

光在光纤中传播时，几乎不向外辐射。光泄漏非常微弱，即使在弯曲地段也无法窃听。因此在同一光缆中，数根光纤之间不会相互干扰，即不会产生串话，也难以窃听，所以光纤通信和其他通信方式相比有更好的保密性。

（5）线径细，重量轻。

光纤的直径很小，只有 125 μm 左右，因此制成光缆后，直径要比相同容量的电缆小得多，而且重量也轻。

（6）资源丰富，节约有色金属和原材料。

电缆是由铜、铝、铅等金属材料制成的，而光纤的原材料是石英，在地球上资源丰富，而且用很少的原材料就可以拉制很长的光纤。

（7）容易均衡。

在通信中，信号的各频率成分的幅度变化是不相等的。频率越低，幅度的变化越小；频率越高，其幅度变化则越大。这对信号的接收极为不利，为使各频率成分都受到相同幅度的放大处理，就必须采用幅度均衡措施。对光纤通信系统则不同，在光纤通信的运用频带内，光纤对每一频率的损耗是相等的，一般情况下，不需要在中继站和接收端采取幅度均衡措施。

（8）抗化学腐蚀，使用寿命长。

石英材料具有一定的抗化学腐蚀能力。比由铜或铝组成的电缆抗腐蚀和氧化能力强，绝缘性能好，适用于强电系统，使用寿命长，一般认为光缆的寿命为 20～30 年。

（9）光纤接头不放电，不产生电火花。

进水和受潮对金属导线意味着接地和短路。光纤是由玻璃制成，不产生放电，也不存在发生火花的危险，所以安全性好。它适用于矿井下、军火仓库、石油化工等易燃易爆的环境中，是比较理想的防爆型传输线路。

光纤通信存在一些缺点，如：需要光/电和电/光转换部分；光直接放大难；电力传输困难；光纤质地脆，机械强度低，弯曲半径不宜太小；要求比较好的切断、连接技术；分路、耦合比较麻烦等。

2. 光缆

光缆是利用置于包覆护套中的一根或多根光纤作为传输媒质并可以单独或成组使用的通信线缆组件，如图 1—11 所示。光缆的基本结构一般是由缆芯、加强钢丝、填充物和护套等几部分组成，另外根据需要还有防水层、缓冲层、绝缘金属导线等构件，如图 1—12 所示。

3. 光源器件

光纤通信中常用的光源器件有半导体激光器和半导体发光二极管两种。半导体激光器工作原理是激励方式，利用半导体物质（即利用电子）在能带间跃迁发光，如图 1—13 所示。

通过半导体晶体的解理面形成两个平行反射镜面作为反射镜，组成谐振腔，使光振荡、反馈，产生光的辐射放大，输出激光。

色条
光纤
套管填充物
松套管
缆芯填充物
涂塑铝带
中心加强芯
聚乙烯护套
色条

图 1-11　光缆外形图　　　　　　　　图 1-12　光缆结构图

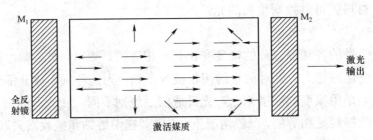

M_1　　　　　　　　　　　　　　　M_2

激光
输出

全反
射镜

激活媒质

图 1-13　半导体激光器工作原理示意图

4. 无源光器件

无源光器件是除光源器件、光检波器件之外不需要电源的光通路部件。无源光器件可分为连接用的部件和功能性部件两大类。连接用的部件有各种光连接器，用作光纤和光纤、部件（设备）和光纤，或部件（设备）和部件（设备）的连接。

FC 型光纤连接器（如图 1-14 所示）：一般在 ODF 侧采用（配线架上用得最多）。SC 型光纤连接器（如图 1-15 所示）：连接 GBIC 光模块或普通光纤收发器的连接器（路由器交换机上用得最多）。LC 型光纤连接器（如图 1-16 所示）：连接 SFP 模块的连接器（路由器常用）。ST 型光纤连接器（如图 1-17 所示）：常用于光纤配线架。MT-RJ 型光纤连接器（如图 1-18 所示）：连接光收发信机，主要用于数据传输。

图 1-14　FC 型光纤连接器　　　图 1-15　SC 型光纤连接器　　　图 1-16　LC 型光纤连接器

图 1-17　ST 型光纤连接器

图 1-18　MT-RJ 型光纤连接器

功能性部件有光分路器（如图 1-19 所示）、光耦合器（如图 1-20 所示）、光合波分波器（如图 1-21 所示）、光衰减器（如图 1-22 所示）、光开关（如图 1-23 所示）和光隔离器（如图 1-24 所示）等，用于光的分路、耦合、复用、衰减等方面。

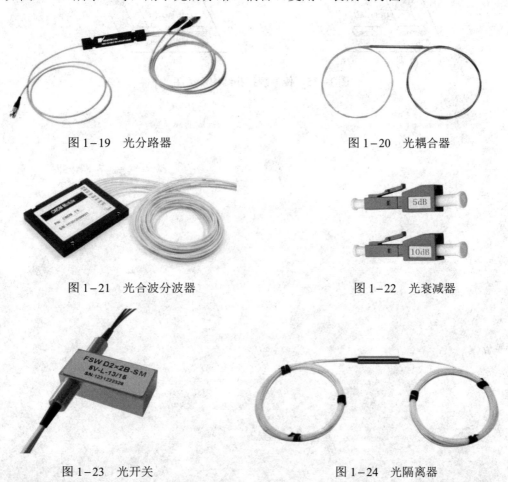

图 1-19　光分路器

图 1-20　光耦合器

图 1-21　光合波分波器

图 1-22　光衰减器

图 1-23　光开关

图 1-24　光隔离器

5. 光传输设备

光传输设备就是把各种各样的信号转换成光信号在光纤上传输的设备，常用的光传输设备有光端机、光 modem、光纤收发器、光交换机、PDH、SDH、PTN 等类型的设备。一般而言，光传输设备都有传输距离较远、信号不容易丢失、波形不容易失真等特点，可用于各种场所。所以越来越多场所都使用光传输设备代替传统设备。如图 1-25 所示，传输网的拓扑结构为环型，环中节点为光传输设备，由网管中心管理。

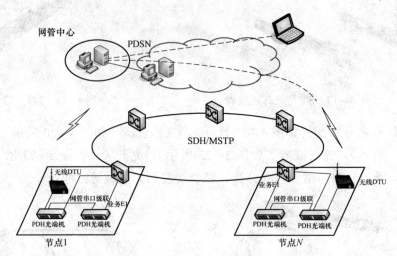

图 1-25　传输网拓扑结构示意图

模块 2

SDH

任务 2

理解 SDH 原理

2.1 PDH、SDH 简介

光传送网络的发展如图 2-1 所示。从中可以看出，PDH 体系是"先有设备，后出标准"，SDH 体系是"先有标准，后出设备"。

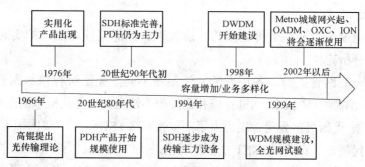

图 2-1 光传送网络的发展

PDH：准同步数字系列，在数字通信网的每个节点上都分别设置高精度的时钟，这些时钟的信号都具有统一的标准速率。

PDH 技术的局限性：

（1）世界上有三种 PDH 系列（如图 2-2 所示），国际互通困难。

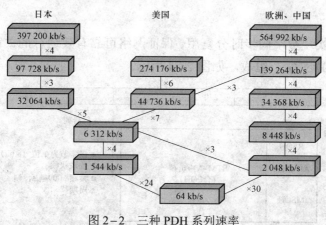

图 2-2 三种 PDH 系列速率

（2）上/下支路困难，无法从高速信号中识别和直接提取低速支路信号。这种情况导致上/

下支路必须采用背靠背设备，逐级分接出要下的支路，将不下的支路再逐级复接上去，造成设备的极大浪费，如图2-3所示。

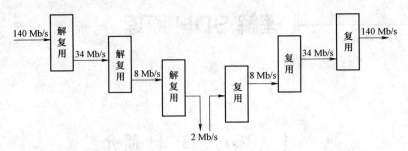

图2-3　从140 Mb/s信号分/插出2 Mb/s信号示意图

（3）没有世界性的标准光接口规范，限制了联网应用的互通性。不同厂家的设备，甚至同一厂家不同型号的设备光接口各不相同，不能互连，横向不兼容，网络运行、管理和维护（OAM）功能不足。

（4）开销比特很少，不利于传输网的分层管理、性能监控、业务的实时调度、传输带宽的控制、告警的分析定位。

（5）没有统一的网管接口，各厂家的网管系统不同，无法进行统一网管。

在原有的技术体制中对PDH网进行修补已经得不偿失，只有从根本的改革才是出路，于是就出现了光传输网。美国贝尔公司首先提出了同步光网络（SONET），美国国家标准学会（ANSI）于20世纪80年代制定了有关SONET的国家标准。当时ITU（国际电信联盟）采纳了SONET的概念，进行了一些修改和扩充，重命名为同步数字体系（SDH），并制定了一系列国际标准。

2.2　帧结构和速率

2.2.1　帧结构

SDH帧结构是实现数字同步时分复用、保证网络可靠有效运行的关键。一个STM-N帧有9行，每行由270×N字节组成，如图2-4所示。

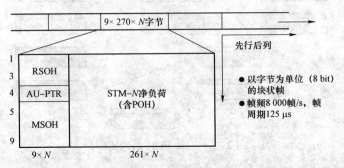

图2-4　SDH帧结构示意图

这样每帧共有 9×270×N 字节,每字节为 8 bit,帧周期为 125 μs,即每秒传输 8 000 帧。对于 STM−1 而言,传输速率为 9×270×8×8 000/1 000 000＝155.520(Mb/s)。

SDH 帧大体可分为三个部分:

1)信息净负荷

是在 STM−N 帧结构中存放将由 STM−N 传送的各种用户信息码块的地方,如图 2−5 所示。信息净负荷区相当于 STM−N 这辆"货车"的"车厢","车厢"内装载的"货物"就是经过打包的低速信号——待运输的货物。为了实时监测"货物"(打包的低速信号)在传输过程中是否有损坏,在将低速信号打包的过程中加入了监控开销字节——通道开销(POH)字节。POH 作为净负荷的一部分与信息码块一起装载在 STM−N 这辆"货车"上在 SDH 网中传送,它负责对打包的"货物"(低阶通道)进行通道性能监视、管理和控制。

2)段开销(SOH)

是为了保证信息净负荷正常传送所必须附加的网络运行、管理和维护(OAM)字节,如图 2−6 所示。例如段开销可进行对 STM−N 这辆"货车"中的所有"货物"在运输中是否有损坏进行监控,而通道开销(POH)的作用是当车上有"货物"损坏时,通过它来判定具体是哪一件"货物"出现损坏。也就是说,SOH 完成对"货物"整体的监控,POH 完成对某一件特定的"货物"进行监控,当然,SOH 和 POH 还有一些其他管理功能。

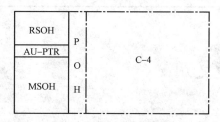

图 2−5 帧结构中的净负荷

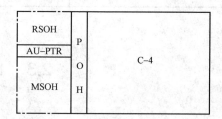

图 2−6 帧结构中的段开销

段开销又分为再生段开销(RSOH)和复用段开销(MSOH),可分别对相应的段层进行监控。RSOH 和 MSOH 的区别在于监控的范围不同。RSOH 监控的是 STM−N 整体的传输性能,而 MSOH 则是监控 STM−N 信号中每一个 STM−1 的性能情况。

3)管理单元指针(AU−PTR)

位于 STM−N 帧中第 4 行的 9×N 列,共 9×N 字节,如图 2−7 所示。

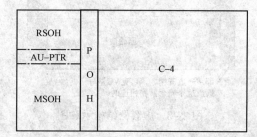

图 2−7 帧结构中的管理单元指针

2.2.2　速率

SDH 采用的信息结构等级称为同步传送模块 STM –N（N=1，4，16，64），最基本的模块为 STM–1，4 个 STM–1 同步复用构成 STM–4，16 个 STM–1 或 4 个 STM–4 同步复用构成 STM–16，4 个 STM–16 同步复用构成 STM–64，甚至 4 个 STM–64 同步复用构成 STM–256。SDH 的帧传输按由左到右、由上到下的顺序排成串型码流依次传输，每帧传输时间为 125 μs，每秒传输（1/125）×1 000 000 帧。对 STM–1 而言每帧比特数为 8×（9×270×1）=19 440 bit，则 STM–1 的传输速率为 19 440×8 000/1 000 000=155.520 Mb/s。其他传输单元与速率的对应关系见表 2–1。

表 2–1　SDH 速率等级

传输模块	比特率/（kb/s）	简称
STM – 1	155 520	155 M
STM – 4	622 080	622 M
STM – 16	2 488 320	2.5 G
STM – 64	9 953 280	10 G
STM – 256	39 813 120	40 G

2.3　映射和复用

2.3.1　SDH 的几个新概念

1）虚容器

虚容器是 ITU–T 定义的一些标准格式，原始信息首先被装载进这些虚容器，也就是变成这些标准格式，这个过程称为"映射"，通过它们再添加些指针、开销等字节，最后形成大容量的同步信号（如 TM–1 等）在 SDH 线路中传输。结构如图 2–8 所示。

即"通道开销"，可见 VC 是与通道这个概念紧密相连的。

图 2–8　虚容器结构示意图

虚容器（virtual container）简称 VC，分为高阶虚容器和低阶虚容器。不同的 PDH 原始信息对应于不同的 VC。虚容器与速率对照见表 2–2。

表 2-2 虚容器与速率对照表

	虚容器名称	PDH 信息速率
低阶虚容器	VC-11	1.5 Mb/s
	VC-12	2 Mb/s
	VC-2	6.3 Mb/s
高阶虚容器（可由多个 TU 或 TUG 组成）	VC-3	34 Mb/s 或 45 Mb/s
	VC-4	140 Mb/s

2）再生段、复用段、通道

再生段：两个 NE 之间的物理连接。复用段：相邻 LT 间对业务的逻辑功能。通道：两个 PDH 接口之间（端到端）的逻辑连接。它们在通信链路上的关系示意如图 2-9 所示。

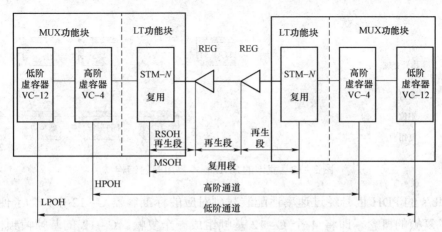

图 2-9 虚容器、通道、段在通信链路上的关系示意图

2.3.2 映射和复用

映射是一种在 SDH 网络边界处（例如 SDH/PDH 边界处），将支路信号适配进虚容器的过程。如图 2-10 所示。为了适应各种不同的网络应用情况，有异步、比特同步、字节同步三种映射方法与浮动 VC 和锁定 TU 两种模式。

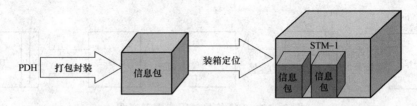

图 2-10 PDH 复用进 STM-1 信号过程示意图

复用是将多个低阶通道层的信号适配进高阶通道层，或把多个高阶通道层的信号适配进复用层的过程。SDH 的复用包括两种情况：一种是低阶的 SDH 信号复用成高阶 SDH 信号。复用的方法主要是通过字节间插复用方式来完成的。具体过程如图 2-11 所示。另一种是低

速支路信号（例如 2 Mb/s、34 Mb/s、140 Mb/s）复用成 SDH 信号 STM−N。就是将 PDH 信号复用进 STM−N 信号中去。我国的 SDH 基本复用映射结构如图 2−12 所示。

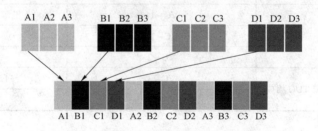

图 2−11　字节间插复用方式示意图

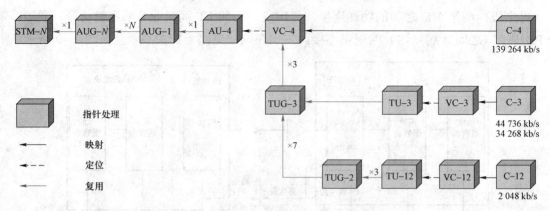

图 2−12　我国的 SDH 基本复用映射结构

将 2 Mb/s 的 PDH 信号经过速率适配装载到对应的标准容器 C−12 中，为了便于速率的适配采用了复帧的概念，即将 4 个 C−12 基帧组成一个复帧。C−12 的基帧帧频也是 8 000 帧/s，那么 C−12 复帧的帧频就成了 2 000 帧/s。为了在 SDH 网的传输中能实时监测任意一个 2 Mb/s 通道信号的性能，须将 C−12 再打包——加入相应的通道开销（低阶通道开销），使其成为 VC−12 的信息结构。

为了使收端能正确定位 VC−12 的帧，在 VC−12 复帧的 4 个缺口上再加上 4 字节的 TU−PTR，这时信号的信息结构就变成了 TU−12，3 个 TU−12 经过字节间插复用合成 TUG−2，7 个 TUG−2 经过字节间插复用合成 TUG−3 的信息结构，具体过程如图 2−13 所示。

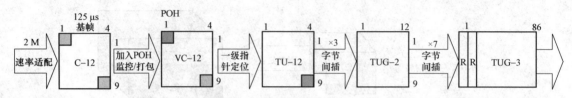

图 2−13　2 M 信号复用步骤示意图

34 Mb/s 的信号先经过码速调整将其适配到相应的标准容器 C−3 中。然后加上相应的通道开销 C−3 打包成 VC−3。为了便于收端定位 VC−3，以便能将它从高速信号中直接拆离出来，在 VC−3 的帧上加了 3 字节的指针——TU−PTR（支路单元指针），此时的信息结构是支路单元 TU–3。TU–3 的帧结构有点残缺，先将其缺口部分补上，其中 R 为塞入的伪随机信息，这时的信息结构为 TUG–3——支路单元组。3 个 TUG–3 通过字节间插复用方式，复合成 VC–4 信号结构，具体过程如图 2–14 所示。

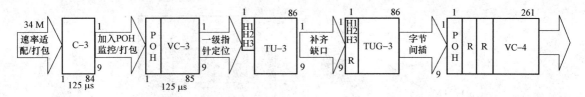

图 2–14　34 M 信号复用步骤示意图

首先将 140 Mb/s 的 PDH 信号经过码速调整适配进 C–4。为了能够对 140 Mb/s 的通道信号进行监控，在复用过程中要在 C–4 的块状帧前加上一列通道开销字节（高阶通道开销 VC–4–POH），此时信号成为 VC–4 信息结构。在 VC–4 前附加一个管理单元指针（AU–PTR）成为 AU–4。将 AU–4 加上相应的 SOH 合成 STM–1 信号，N 个 STM–1 信号通过字节间插复用成 STM–N 信号，具体过程如图 2–15 所示。

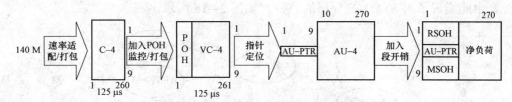

图 2–15　140 M 信号复用步骤示意图

2.4　指针和开销

管理单元指针是用来指示信息净负荷的第一个字节在 STM–N 帧内的准确位置的指示符，以便接收端能根据这个位置指示符的值（指针值）准确分离信息净负荷。相当于一辆大货车上有很多货箱，每个货箱里装着很多信息包。通过 AU–PTR 指示这个货箱在这个货车中的位置，如图 2–16 所示。

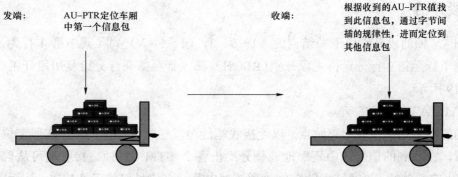

图 2–16　AU–PTR 的作用示意图

管理单元指针又分为高阶指针 AU-PTR 和低阶指针 TU-PTR（支路单元指针）。TU-PTR 定位低速信号小信息包在这个中信息包中的位置，然后将若干中信息包打包成大信息包。AU-PTR 定位中信息包在大信息包中的位置，如图 2-17 所示。

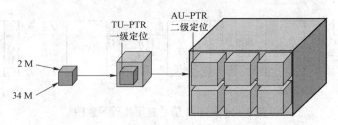

图 2-17　AU-PTR 和 TU-PTR 的作用示意图

开销是开销字节或比特的统称，是指帧结构中除了承载业务信息（净荷）以外的其他字节。开销用于支持传输网的运行、管理和维护（OAM）。

开销的功能是实现 SDH 的分层监控管理，而 SDH 的 OAM 可分为段层和通道层监控。段层的监控又分为再生段层和复用段层的监控；通道层监控可分为高阶通道层和低阶通道层的监控。由此实现了对 STM-N 分层的监控，如图 2-18 所示。

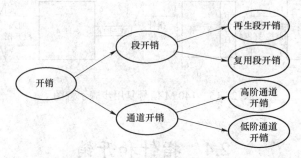

图 2-18　SDH 开销分类示意图

例如对 2.5 G 系统的监控，再生段开销对整个 STM-16 帧信号监控，复用段开销则可对其中 16 个 STM-1 的任意一个进行监控。高阶通道开销再将其细化成对每个 STM-1 中 VC-4 的监控，低阶通道开销又将对 VC-4 的监控细化为对其中 63 个 VC-12 中的任一个 VC-12 进行监控，由此实现了从 2.5 Gb/s 级别到 2 Mb/s 级别的多级监控和管理。

2.4.1　段开销

STM-N 帧的段开销位于帧结构的（1~9）行（1~9×N）列（其中第 4 行为 AU-PTR 除外）。第 1 行至第 3 行分给再生段开销（RSOH），第 5 行至第 9 行分给复用段开销（MSOH），如图 2-19 所示。

1）A1、A2（定帧字节）

它们的作用是识别帧的起始点，以便接收端能与发送端保持帧同步。它能定位每个帧的起始位置，在收到的信号流中正确地选择分离出各个 STM-N 帧。接收端可从信息流中定位、分离出完整的帧，再通过指针定位找到该帧中某一个信息包的确切位置，从而顺利提取，

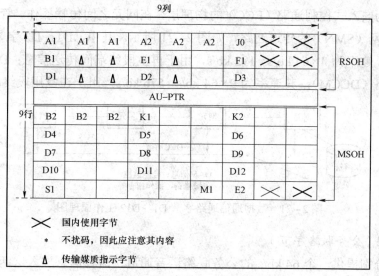

图 2-19　段开销结构示意图

如图 2-20 所示。它们有固定的值，A1＝11110110（F6H），A2＝00101000（28H）。

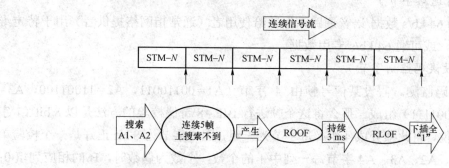

图 2-20　定帧字节 A1、A2 工作原理图

如果接收端连续 5 帧（625 μs）以上收不到正确的 A1、A2 字节，那么接收端进入帧失步状态，产生帧失步告警（ROOF）；若帧失步告警持续了 3 ms，则进入帧丢失状态，设备产生帧丢失告警（RLOF），即向下游方向发送 AIS 信号，整个业务传输中断。在帧丢失告警状态下，若接收端在连续 1 ms 以上的时间内又收到正确的 A1、A2 字节，那么设备回到正常工作的定帧状态。

2）J0（再生段踪迹字节）

该字节用于确定再生段是否正确连接。该字节用来重复地发送"段接入点识别符"，接收端能据此确认与指定的发送端处于持续的连接状态。若收到的值与所期望的值不一致，则产生再生段踪迹标识失配告警（RS-TIM）。在同一个运营者的网络内该字节可为任意字符，而在不同两个运营者的网络边界处要使设备收、发两端的 J0 字节相同。通过 J0 字节可使运营者提前发现和解决故障，缩短网络恢复时间。

3）D1～D12（数据通信通路（DCC）字节）

用于传送运行、管理和维护的数据。D1～D12 字节构成数据通信通路（DCC）信道。数据通信通路作为嵌入式控制通路（ECC）的物理层，在网元之间传输操作、管理和维护信息，构成 SDH 管理网（SMN）的传送通路，如图 2-21 所示。其中，D1~D3 字节是再生段数据通路（DCCR），速率为 3×64 kb/s＝192 kb/s，用于再生段终端间传送信息；D4~D12 字节是复用段数据通路（DCCM），其速率为 9×64 kb/s＝576 kb/s，用于在复用段终端间传送信息。

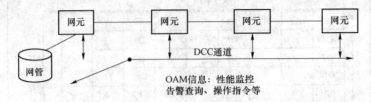

图 2-21　数据通信通路字节 D1~D12 工作原理图

4）E1、E2（公务联络字节）

E1 和 E2 分别提供一个 64 kb/s 的公务联络语音通道，语音信息放入这两个字节中传输。E1 属于再生段开销，用于再生段的公务联络；E2 属于复用段开销，用于复用段终端间直达公务联络。

5）F1（使用者通路字节）

F1 提供速率为 64 kb/s 数据/语音通路，保留给使用者（通常指网络提供者）用于特定维护目的的公务联络，或可通 64 kb/s 专用数据。

6）B1（再生段误码监测字节）

用于再生段误码监测。假设某信号帧由 4 字节（A1＝00110011，A2＝11001100，A3＝10101010，A4＝00001111）组成，那么将这个帧进行 BIP-8 奇偶校验的方法是以 8 bit（1 字节）为一个校验单位，将此帧分成 4 组（每字节为一组，因 1 字节为 8 bit 正好是一个校验单元），依次计算 A1、A2、A3、A4 字节每一列中 1 的个数，个数为偶数时，B 的相应列填 0；否则，B 的相应列填 1。这种校验方法就是 BIP-8 奇偶校验。这里采用的是偶校验，因为保证的是相应列 1 的个数为偶数。B 字节的值就是对 A1、A2、A3、A4 字节进行 BIP-8 偶校验运算所得的结果。如图 2-22 所示。

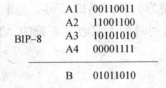

图 2-22　BIP-8 奇偶校验示意图

BIP-8 奇偶校验误码监测的整个工作过程简述如下。发送端对本帧（第 N 帧）加扰后的所有字节进行 BIP-8 偶校验运算，将结果放在下一个待扰码帧（第 $N+1$ 帧）中的 B1 字节；接收端将当前待解扰帧（第 N 帧）的所有比特进行 BIP-8 校验，所得的结果与下一帧（第 $N+1$ 帧）解扰后的 B1 字节的值相异或运算。若这两个值不一致则异或运算有 1 出现，根据出现多少个 1，则可监测出第 N 帧在传输中出现了多少个误码块。若异或运算为 0，则表示该帧无误码，如图 2-23 所示。

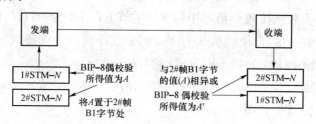

图 2-23　再生段误码监测 B1 字节工作原理图

7）B2（复用段误码监测字节）

B2 检测复用段层的误码情况，其工作机理如下：发端对上一个未扰码帧除去 RSOH 外的所有字节进行 BIP-24 偶校验（如图 2-24 所示），所得值放于本帧的 3 个 B2 字节处，收端对所收当前已解扰帧且除去 RSOH 外的所有字节进行 BIP-24 偶校验，所得值 B2 与所收下一帧解扰后的 B2 字节相异或。异或的值为零，则表示传输可能无误码块。异或的值不为零，则 1 的数目表示出现多少个误码块。若收端检测到 B2 误码块，在收端 MS-BBE 性能事件中反映出来。

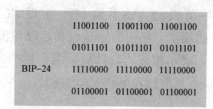

图 2-24　BIP-24 偶校验示意图

8）M1（复用段远端误块指示字节）

M1 字节用于传送误码对告信息，由接收端回送给发送端。M1 字节用来传送接收端由 B2 字节所检出的误块数，并在发送端当前性能管理中上报 B2 远端背景误码块（B2-FEBBE），发送端据此了解接收端的收信误码情况。工作过程如图 2-25 所示。

图 2-25　复用段远端误块指示字节 M1 工作原理图

9）K1、K2（b1～b5）（自动保护倒换（APS）通路字节）

用作传送自动保护倒换（APS）信息，支持设备在故障时进行自动切换，使网络业务能够自动恢复（自愈），其专门用于复用段自动保护倒换。

10）K2（b6～b8）（复用段远端失效指示（MS-RDI）字节）

K2 字节的 b6～b8 这 3 个比特用于传输复用段远端告警的反馈信息，由接收端（信宿回送给发送端（信源），表示接收端检测到接收方向故障或收到复用段告警指示信号。

接收机接收信号失效或接收到信号中的 K2 字节 b6～b8 为"111"时，表示接收到复用段告警指示信号（MS－AIS），接收机认为接收到无效净荷，并向终端发送全"1"信号。复用段远端缺陷指示（MS－RDI）用于向发送端回送一个指示，表示收端已检测到上游段（比如再生段）失效或收到 MS－AIS。复用段远端缺陷指示用 K2 字节在扰码前的 b6～b8 位插入"110"码来产生。工作过程如图 2－26 所示。

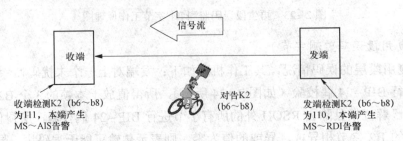

图 2－26 复用段远端失效指示（MS－RDI）字节 K2 工作原理图

11）S1（b5～b8）（同步状态字节）

SDH 复用段开销利用 S1 字节的 b5～b8 传输 ITU－T 规定的不同时钟质量级别，以使设备据此判定接收到的时钟信号的质量，从而决定是否切换时钟源，即切换到较高质量的时钟源上。S1（b5～b8）的值越小，表示相应的时钟质量级别越高。这 4 个比特有 16 种不同编码，可以表示 16 种不同的同步质量等级，具体见表 2－3。

表 2－3 同步状态消息编码列表

S1（b5～b8）	SDH 同步质量等级描述	S1（b5～b8）	SDH 同步质量等级描述
0000	同步质量不可知	1000	G.812 本地局时钟信号
0001	保留	1001	保留
0010	G.811 时钟信号	1010	保留
0011	保留	1011	同步设备定时源（SETS）
0100	G.812 转接局时钟信号	1100	保留
0101	保留	1101	保留
0110	保留	1110	保留
0111	保留	1111	不应用作同步

2.4.2 通道开销

通道开销（POH）是指主要用于端到端的通道管理，支持的主要功能有通道的性能监视、告警指示、通道跟踪和净负荷内容指示等。通道开销分为高阶通道开销和低阶通道开销。高阶通道开销监测 VC－4 级别的通道，即高速信号 140 Mb/s 在 STM－N 帧中的传输情况。低阶通道开销监测 VC－12 通道，即低速信号 2 Mb/s 在 STM－N 帧中的传输情况。

高阶通道开销（HPOH）的位置在 VC-4 帧中的第一列，共 9 字节，如图 2-27 所示。里面的各字节为 J1（通道踪迹字节）、B3（通道 BIP-8 字节）、C2（信号标识字节）、G1（通道状态字节）、F2/F3（通道使用者通路）、H4（复帧位置指示器）、K3（b1～b4）（自动保护倒换（APS）通路）、K3（b5～b8）（备用比特）、N1（网络运营者字节）。

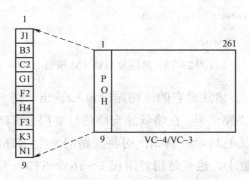

图 2-27　高阶通道开销结构图

低阶通道开销（LPOH）位于每个 VC-12 基帧的第一个字节，一组低阶通道开销共有 4 字节：V5（通道状态和信号标记字节）、J2（VC-12 通道踪迹字节）、N2（网络运营者字节）、K4（备用字节），如图 2-28 所示。

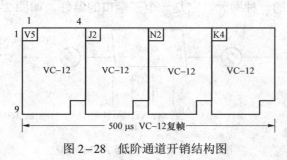

图 2-28　低阶通道开销结构图

2.5　网络结构及网元类型

2.5.1　SDH 常见网元

SDH 传输网是由不同类型的网元通过光缆线路的连接组成的，通过不同的网元完成 SDH 网的传送功能：上/下业务、交叉连接业务、网络故障自愈等。下面讲述 SDH 网中常见网元的特点和基本功能。

1）终端复用器 TM

终端复用器用在网络的终端站点上，例如一条链的两个端点上，它是一个双端口器件，如图 2-29 所示。

它的作用是将支路端口的低速信号复用到线路端口的高速信号 STM-N 中，或从 STM-N

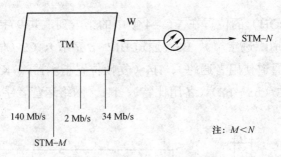

图 2-29   终端复用器 TM 模型

的信号中分出低速支路信号。请注意它的线路端口输入/输出一路 STM-N 信号，而支路端口却可以输出/输入多路低速支路信号。在将低速支路信号复用进 STM-N 帧（将低速信号复用到线路）上时，有一个交叉的功能，例如：可将支路的一个 STM-1 信号复用进线路上的 STM-16 信号中的任意位置上，也就是指复用在 1～16 个 STM-1 的任一个位置上；可将支路的 2 Mb/s 信号复用到一个 STM-1 中 63 个 VC-12 的任一个位置上去。对于华为设备，TM 的线路端口（光口）一般以西向端口默认表示。

2）分/插复用器 ADM

分/插复用器用于 SDH 传输网络的转接站点处，例如链的中间结点或环上结点，是 SDH 网上使用最多、最重要的一种网元，它是一个三端口的器件，如图 2-30 所示。

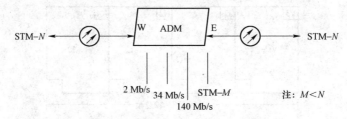

图 2-30   分/插复用器 ADM 模型

ADM 有两个线路端口和一个支路端口。两个线路端口各接一侧的光缆（每侧收/发共两根光纤），为了描述方便将其分为西向（W）、东向（E）两个线路端口。ADM 的作用是将低速支路信号交叉复用进东或西向线路上去，或从东或西侧线路端口收到的线路信号中拆分出低速支路信号。另外，还可将东/西向线路侧的 STM-N 信号进行交叉连接，ADM 是 SDH 最重要的一种网元，通过它可等效成其他网元，即能完成其他网元的功能，例如：一个 ADM 可等效成两个 TM。

3）再生中继器 REG

光传输网的再生中继器有两种：一种是纯光的再生中继器，主要进行光功率放大以延长光传输距离；另一种是用于脉冲再生整形的电再生中继器，主要通过光/电变换、电信号抽样、判决、再生整形、电/光变换，以达到不积累线路噪声，保证线路上传送信号波形的完好性。此处讲的是后一种再生中继器，REG 是双端口器件，只有两个线路端口——W、E，如图 2-31 所示。

图 2−31　再生中继器 REG 模型

它的作用是将 W/E 侧的光信号经 O/E、抽样、判决、再生整形、E/O 在 E 或 W 侧发出。值得注意的是，REG 与 ADM 相比仅少了支路端口，所以 ADM 若本地不上/下话路（支路不上/下信号）时完全可以等效成一个 REG。

4）数字交叉连接设备 DXC

数字交叉连接设备完成的主要是 STM−N 信号的交叉连接功能，它是一个多端口器件，实际上相当于一个交叉矩阵，完成各个信号间的交叉连接，如图 2−32 所示。

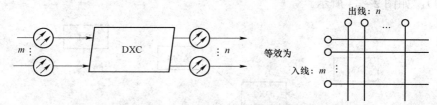

图 2−32　数字交叉连接设备 DXC

DXC 可将输入的 m 路 STM−N 信号交叉连接到输出的 n 路 STM−N 信号上，图 2−32 表示有 m 条入光纤和 n 条出光纤。DXC 的核心是交叉连接，功能强的 DXC 能完成高速（如 STM−16）信号在交叉矩阵内的低级别交叉（如 VC−12 级别的交叉）。

通常用 DXC m/n 来表示一个 DXC 的类型和性能（$m \geqslant n$），m 表示可接入 DXC 的最高速率等级，n 表示在交叉矩阵中能够进行交叉连接的最低速率级别。m 越大表示 DXC 的承载容量越大；n 越小表示 DXC 的交叉灵活性越大。其数值与速率对应见表 2−4。

表 2−4　m、n 数值与速率对应表

m 或 n	0	1	2	3	4	5	6
速率	64 kb/s	2 Mb/s	8 Mb/s	34 Mb/s	140 Mb/s 155 Mb/s	622 Mb/s	2.5 Gb/s

2.5.2　SDH 拓扑结构

SDH 网是由 SDH 网元设备通过光缆互连而成的，网络节点（网元）和传输线路的几何排列就构成了网络的拓扑结构。网络的有效性（信道的利用率）、可靠性和经济性在很大程度上与其拓扑结构有关。当前用得最多的网络拓扑是链形和环形，通过它们的灵活组合，可构成更加复杂的网络。

网络拓扑的基本结构有链形、星形、树形、环形和网孔形。

1）链形网

此种网络拓扑是将网中的所有节点一一串联，而首尾两端开放。这种拓扑的特点是较经

济，在 SDH 网的早期用得较多，主要用于专网（如铁路网）中，如图 2-33 所示。

图 2-33　链形网拓扑图

2）星形网

此种网络拓扑是将网中一网元作为特殊节点与其他各网元节点相连，其他各网元节点互不相连，网元节点的业务都要经过这个特殊节点转接。这种网络拓扑的特点是可通过特殊节点来统一管理其他网络节点，利于分配带宽，节约成本，但存在特殊节点的安全保障和处理能力的潜在瓶颈问题。特殊节点的作用类似交换网的汇接局，此种拓扑多用于本地网（接入网和用户网），如图 2-34 所示。

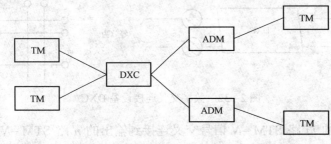

图 2-34　星形网拓扑图

3）树形网

此种网络拓扑可看成是链形拓扑和星形拓扑的结合，也存在特殊节点的安全保障和处理能力的潜在瓶颈，如图 2-35 所示。

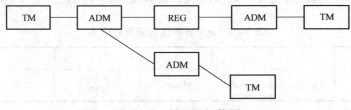

图 2-35　树形网拓扑图

4）环形网

环形拓扑实际上是指将链形拓扑首尾相连，从而使网上任何一个网元节点都不对外开放的网络拓扑形式。这是当前使用最多的网络拓扑形式，主要是因为它具有很强的生存性，即自愈功能较强。环形网常用于本地网（接入网和用户网）、局间中继网，如图 2-36 所示。

5）网孔形网

将所有网元节点两两相连，就形成了网孔形网络拓扑。这种网络拓扑为两网元节点间提供多个传输路由，使网络的可靠更强，不存在瓶颈问题和失效问题。但是由于系统的冗余度高，必会使系统有效性降低，成本高且结构复杂。网孔形网主要用于长途网中，以提供网络的高可靠性，如图 2-37 所示。

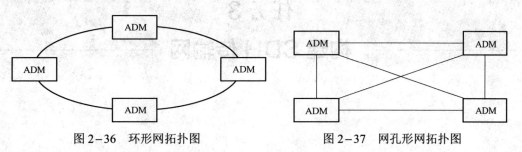

图 2-36　环形网拓扑图　　　　　图 2-37　网孔形网拓扑图

31

任务 3

构建 SDH 传输网

3.1 知识准备：ZXMP S325 设备

3.1.1 产品概述

中兴通讯基于 SDH 的多业务节点设备可以满足从核心层、汇聚层到接入层的所有应用，为用户提供面向未来的城域网整体解决方案。ZXMP S325 是最高速率为 STM-16 的综合业务接入 SDH 产品。不仅具备 SDH 传输产品的一般功能，而且具备强大的数据业务接入功能，能提供中小容量的 TDM、DATA 业务传输，可以应用于各类传输网络的组建、扩容。其主要应用场合有本地网、城域网（接入层），如图 3-1 所示。

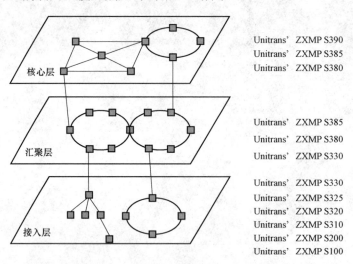

图 3-1 中兴 SDH 产品在传输网中的应用

3.1.2 系统特点

ZXMP S325 系统结构如图 3-2 所示。

1）强大的业务接入能力

提供丰富的业务接口，包括：STM-16、STM-4、STM-1 光接口，STM-1 电接口，E3、T3、E1 和 T1 速率的 PDH 电接口，10/100 Mb/s 以太网接口，ATM 接口。

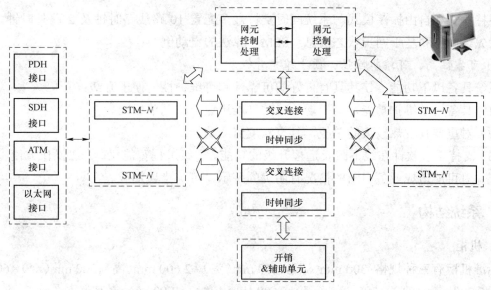

图 3−2 ZXMP S325 系统结构图

2）多样化的光接口功能

支持 STM−1/4 单纤双向应用，由 4 路 STM−1/4 光线路板 OL1/4×4 实现。

支持光模块认证功能：光模块认证功能检测设备所使用的光模块是否经过认证。如果光模块未经过认证，会导致业务不正常，网管上报告警提示。只有经过认证的光模块才能正常工作。

3）强大的交叉及扩展能力

当配置 STM−16 交叉时钟线路板 OCS16 时，高阶交叉能力为 128×128 VC−4，低阶交叉能力为 32×32 VC−4。

当配置 STM−4 交叉时钟线路板 OCS4 时，高阶交叉能力为 64×64 VC−4，低阶交叉能力为 32×32 VC−4。

4）完善的设备和网络保护能力

（1）1+1 双电源保护。

（2）重要单板 1+1 热备份。

（3）E1/T1/FE 业务和 E3/T3/STM−1 电业务的 1:N 单板保护。

（4）单板分散式供电。

（5）网络保护方式。

① 二纤双向复用段保护环。

② 复用段链路 1+1 保护。

③ 复用段链路 1:1 保护。

④ 子网连接保护（SNCP）。

5）可靠的定时同步处理能力

可以选择外时钟、线路时钟或内部时钟作为设备的定时基准。工作模式包括同步锁定模式、保持模式和自由振荡模式。系统同时支持最多配置 10 路线路时钟及 2 路外时钟。支持同步优先级倒换和基于同步状态消息（SSM）算法的自动倒换。

6）可靠性高，可维护性强，便于维护升级

系统具备以下功能，使其具有良好的可靠性和可维护性，便于升级：

（1）具备日常维护功能，当出现故障时，能迅速定位到单板级。

（2）对重要且发热较大的单板，具有温度监测功能。

（3）支持单板软件在线下载及远程升级的功能。升级过程智能化，升级操作方便、简单、易行，并对可能造成业务中断的情况有明确的警示，可防止误加载。

3.1.3 系统结构

1. 机柜

标准机柜有三种规格：300 mm（深）×600 mm（宽）×2 600 mm（高）、300 mm（深）×600 mm（宽）×2 200 mm（高）、300 mm（深）×600 mm（宽）×2 000 mm（高）。

机柜体积小巧，结构紧凑。2 200 mm 的标准机柜最多可安装 6 个子架。机柜内的设备组件有电源分配箱、风扇单元、防尘单元、子架。

2. 电源分配箱

电源分配箱安装在机柜上方，用于接收外部输入的主、备用电源。电源分配箱对外部电源进行滤波和防雷等处理后，可最多分配主、备用电源各 6 对至 6 个子架。标准配置的电源分配箱可提供主、备用电源各 4 对至 4 个子架，结构如图 3-3 所示。

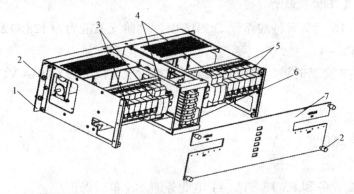

1—安装支耳；2—松不脱螺钉；3—子架主用电源区；4—外部电源输入接线端子；5—子架备用电源区；

6—告警灯板（LED）；7—电源分配箱面板

图 3-3　电源分配箱结构图

3. 风扇插箱

风扇单元是散热降温部件。每个子架配置 1 个风扇单元，风扇单元里面装有 2 个独立的风扇盒。每个风扇盒通过风扇盒后面的插座和背板进行电气连接，结构如图 3-4 所示。

4. 防尘单元

采用全新的防尘设计方法，不需要单独的防尘插箱。防尘单元安装在子架右侧底部，可以起到过滤空气，阻止颗粒较大的灰尘进入子架影响电性能的作用。防尘单元设计为抽拉方式，方便定期清洗，在正面有清洗标志，结构如图 3-5 所示。

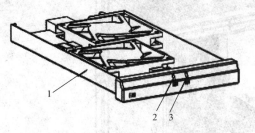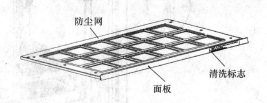

1—风扇盒；2—运行指示灯；3—告警指示灯

图 3-4　风扇插箱结构图　　　　　　　　　图 3-5　防尘单元结构图

5. 背板 MB

背板 MB 固定在子架后部，是连接各单板的载体，也是 S325 同外部信号的连接界面，结构如图 3-6 所示。背板上分布有业务总线、开销总线、时钟总线、板在位线。背板通过插座联系各单板、设备和外部信号。背板前、后面和子架接触的地方铺设锡带作为地线，使背板和子架间的电气连接更加可靠。

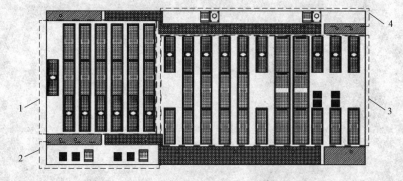

1—功能/业务接口板区；2—电源板区；3—功能/业务板区；4—风扇单元区

图 3-6　背板结构图

6. 子架

ZXMP S325 采用模块化设计，将整个系统划分为不同的单板，每个单板包含特定的功能模块，各个单板通过机箱内的背板总线相互连接。因此，可以根据不同的组网需求，选择不同的单板配置来构成满足不同功能要求的网元设备。这样不仅提高了设备配置应用的灵活性，同时也提高了系统的可维护性。

1）子架结构

子架结构图如图 3-7 所示。子架实物图如图 3-8 所示。

2）系统槽位

接口板区与处理板区分离的系统：业务处理板 1～6 对应业务接口板 1～6。而 11～12 是将处理板与接口板集成在内。槽位 11、12 没有对应的接口区，因此不能安装需要接口板的单板如 E3/T3、FE，但 OL1/4×4、OL16、RSEB、OBA12、OBA14 单板面板上直接出纤，

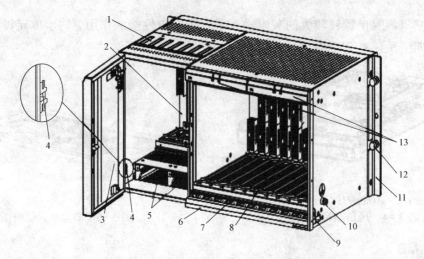

1—上走线区；2—接口板区；3—小门；4—电源出线口；5—电源板；6—防尘单元；7—走线区；8—业务/功能板区；
9—出线口；10—接地柱；11—安装支耳；12—松不脱螺钉；13—风扇单元

图 3-7　子架结构图

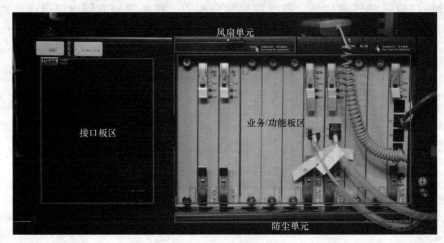

图 3-8　子架实物图

不需要光接口板，可以安装在 11、12 号槽位。交叉时钟线路板 7、8 将交叉连接功能和时钟
定时功能集成在一块板上，同时还支持一个线路口。网元控制板 17 集成网元控制与通信、
公务、开销处理等功能，与系统接口板 SAI 对应。槽位如图 3-9 所示。

S A I	接口板 L1	接口板 L2	接口板 L3	接口板 L4	接口板 L5	接口板 L6	业务处理板 1	业务处理板 2	业务处理板 3	业务处理板 4	业务处理板 5	交叉时钟线路板 7	交叉时钟线路板 8	业务处理板 9	业务处理板 10	N C P
										FAN			FAN			
	PWR			PWR												

图 3-9　ZXMP S325 槽位图

36

3）配置 STM-4 系统和 STM-16 系统

配置 STM-4 系统：槽位 7、8 配置为 OCS4 板，槽位 1、2、3、4 容量为 2×AU-4，槽位 5、6、11、12 容量为 4×AU-4。

配置 STM-16 系统：槽位 7、8 配置为 OCS16 板，槽位 1、2、3、4 容量为 2×AU-4，槽位 5 容量为 4×AU-4，槽位 6、7、8、11、12 容量为 16×AU-4，如图 3-10 所示。

S A I	接口板 L1	接口板 L2	接口板 L3	接口板 L4	接口板 L5	接口板 L6	FAN				FAN			
							2 V C - 4	2 V C - 4	2 V C - 4	2 V C - 4	4 V C - 4	4 V C - 4	O C S - 4	O C S - 4	4 V C - 4	4 V C - 4	N C P
	PWR			PWR										

1　　2　　3　　4　　5　　6　　7　　8　　11　12　17

S A I	接口板 L1	接口板 L2	接口板 L3	接口板 L4	接口板 L5	接口板 L6	FAN				FAN			
							2 V C - 4	2 V C - 4	2 V C - 4	2 V C - 4	4 V C - 4	16 V C - 4	O C S 1 - 6	O C S 1 - 6	16 V C - 4	16 V C - 4	N C P
	PWR			PWR										

图 3-10　STM-4 和 STM-16 系统的槽位图

4）信号处理流程

在 ZXMP S325 设备中，光/电/以太网/ATM 业务信号经过相应的业务接口匹配，以及适配置、映射后，转换为 VC-4 或 VC-3 等 SDH 标准净荷总线信号，在交叉矩阵内完成各个线路方向和各个接口的业务交叉。可通过开销交叉实现开销字节的传递，实现 APS 协议处理、ECC 的提取和插入、公务字节传递等。时钟信号可以由线路信号提取，也可由外同步接口接入的外时钟源提供，支持 2 M 支路时钟作为定时基准，系统时钟的选择同时钟处理单元进行。具体信号处理流程如图 3-11 所示。

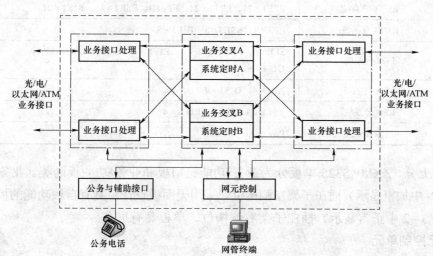

图 3-11　ZXMP S325 信号处理流程图

5）设备内部信号

设备内部信号包括：业务信号、辅助业务信号、通信信号、时钟信号。它们的具体作用见表3-1。

表3-1　设备内部信号具体作用

设备内部信号		作　用
业务信号	上业务	从支路板（如2M支路板）到光板
	下业务	从光板到支路板
	穿通	从光板到另一光板
辅助业务信号	E1、E2、F1	传送一些辅助业务，如音频、数据等
通信信号	ECC	在各个网元间传递网管监控网元信号
时钟信号	质量等级最高的时钟	系统时钟送到各个单板，保证整个系统工作在同步状态

3.1.4　单板介绍

1. 单板列表

ZXMP S325 的所有单板按功能单元划分，见表3-2。

表3-2　ZXMP S325 单板列表

序号	单元名称	包括单板
1	网元控制单元	NCP、**SAIA**、**SAIB**
2	交叉时钟线路单元	OCS4、OCS16、**SAIA**、**SAIB**
3	光线路单元	OL16×1、OL1/4×4
4	OL1/4 分系统	LP1×1、LP1×2、LP4×1、LP4×2、**OIS1×1**、**OIS1×2**、**OIS4×1**、**OIS4×2**、**ESS1×2**、**BIS1**
5	E1/T1 分系统	EPE1×21、EPT1×21、EPE1B、**ESE1×21**、**BIE1×21**
6	E3/T3 分系统	EP3×3、**ESE3×3**、**BIE3×3**
7	EOS 分系统	SFE×6、SED、TFE×8、**EIFE×4**、**EIFE×6**、**OIS1×4**、**OIS1×6**、**BIFE**
8	ATM 分系统	AP1×4、**OIS1×4**
9	RPR 分系统	RSEB、**OIS1×4**、**EIFE×4**
10	电源分系统	Power A、Power B

从结构上分，ZXMP S325 单板分为业务/功能接口板和业务/功能板两类。业务/功能接口板（表 3-2 中加粗显示）插在子架左侧槽位。采用无面板设计，具有自锁功能的板手。业务/功能板（表 3-2 中正常显示）插在子架右侧槽位，单板具有屏蔽。

2. 网元控制单元

网元控制单元由 NCP 板和系统接口板 SAIA/SAIB 板组成。

1）NCP 板面板

NCP 板的面板结构如图 3-12 所示，面板说明见表 3-3。

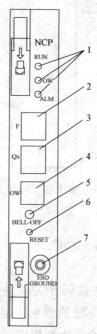

1—指示灯（RUN、OW、ALM）；2—F 接口；3—Qx 接口；4—公务电话接口（OW）；5—截铃开关（BELL-OFF）；

6—复位键（RESET）；7—防静电手环插座（ESD GROUND）

图 3-12　NCP 板面板结构图

表 3-3　NCP 板面板说明

序号	名　称		说　明
1	指示灯	RUN	绿灯，运行状态指示灯：单板正常运行时，周期慢闪
		OW	红绿灯，公务振铃指示灯：正常工作情况下，周期闪烁绿灯；有公务电话呼入时，长亮红灯
		ALM	红灯，告警指示灯：单板无告警时，长灭；单板有告警时，长亮
2	F 接口		网元与便携设备的接口，接口采用 RJ45 插座
3	Qx 接口		网元与子网管理控制中心（SMCC）通信的接口，接口采用 RJ45 插座
4	公务电话接口（OW）		公务电话接口，接口采用 RJ11 插座
5	截铃开关（BELL-OFF）		控制截铃状态
6	复位按键（RESET）		按压该按键，可复位单板
7	防静电手环插座（ESD GROUND）		用于安装防静电手环

2）NCP 板工作原理

NCP 的网元初始配置功能是因为它具有数据库区及程序区这两个 flash 存储区，所以当自检完成后，各个单板可以从 NCP 读取数据，正常运行起来。NCP 的接口：S 接口，是 NCP 与各单板 MCU 通信的接口；Qx 接口、F 接口是 NCP 与网管终端之间的接口；ECC 接口是不同网元 NCP 之间的接口。如图 3-13 所示。

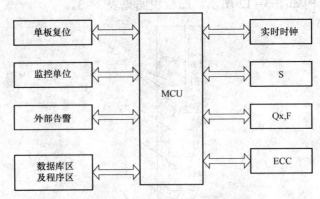

图 3-13　NCP 板工作原理框图

3）NCP 板功能

NCP 板具有网元控制和 OW（公务）功能。

（1）网元控制功能。

① 完成网元的初始化配置（4 位的拨码开关）。

② 接收网管命令加以分析。网管下发的命令，通过 Qx 接口，在 NCP 板进行处理。

③ 通过通信口对各个单板发布指令，执行相应操作，将各个单板的上报消息转发网管。

④ 控制设备的告警输出和监测外部告警输入。

⑤ 强制各个单板复位。NCP 可以根据网管的命令，通过 S 接口对单板进行软复位，相当于程序重启；也可以在程序跑死的情况下，通过专门的复位总线，对单板进行硬复位，相当于硬件重启。

（2）公务功能。

① 提供两条互不交叉话音通道，系统最多能够支持 16 个公务方向。

② 能实现点对点、点对多点、点对组、点对全线的呼叫。

③ 读取收到的话机拨号和 E1、E2 双音多频信令，根据信令来确定通道状态，控制话机的接续。

④ 通过网管设置公务号码。

⑤ 通过网管设置可防止公务成环。

⑥ 可以由网管在线下载公务软件。

4）SAI 板面板

SAI 板无面板，其接口说明见表 3-4，接口示意图如图 3-14 所示。

表 3-4　SAI 板接口说明

序号	名称	说　　明
1	IN1	第 1 路 2 Mb/s 或 2 MHz 外时钟输入
2	OUT1	第 1 路 2 Mb/s 或 2 MHz 外时钟输出

序号	名称	说　明
3	IN2	第 2 路 2 Mb/s 或 2 MHz 外时钟输入
4	OUT2	第 2 路 2 Mb/s 或 2 MHz 外时钟输出
5	F1	F1 接口，连接 64 K 同向接口设备，接口插座类型为 RJ45
6	拉手	用于插拔 SAI 板
7	ALM-I	外部告警输入接口，输入外部告警（烟雾、水浸、开门、火警、温度等）信号，接口插座类型为 RJ45
8	ALM-C	子架告警级联输入接口，与其他子架的子架告警级联输出接口连接，完成子架告警级联功能，接口插座类型为 RJ45
9	ALM-O	子架告警级联输出接口，输出列头柜告警信号（主要/次要告警、紧急告警、声音告警），送往列头柜或其他子架的子架告警级联输入接口，接口插座类型为 RJ45
10	LED	灯板告警接口，连接电源分配箱告警灯板，接口插座类型为 RJ45

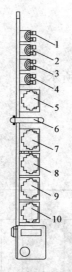

1—IN1；2—OUT1；3—IN2；4—OUT2；5—F1；6—拉手；7—ALM-I；8—ALM-C；9—ALM-O；10—LED

图 3-14　SAI 板接口示意图

5）SAI 板功能

SAI 板实现 NCP 板和 OCS4/OCS16 板对外部的接口功能。

（1）为 NCP 板提供告警信息输入输出接口、告警级联处理和 F1 接口。

（2）为 OCS4/OCS16 板提供外时钟输入输出接口。

3. 交叉时钟线路单元

交叉时钟线路单元由 STM-16 交叉时钟线路板 OCS16 或 STM-4 交叉时钟线路板 OCS4 和系统接口板 SAIA/SAIB 组成。

1）OCS16/OCS4 板功能

OCS16/OCS4 板为系统在 STM-16/STM-4/STM-1 级别应用时的核心单板，完成时钟分配、高低阶交叉、线路业务处理等功能。

（1）时钟分配功能。

① 为各单板提供系统时钟信号、系统帧头信号和系统时钟使能信号。

② 支持内时钟（符合 ITU-T G.813 标准）、线路时钟、外时钟：

a. OCS4：支持 8 路线路时钟、2 路外时钟。

b. OCS16：支持 10 路线路时钟、2 路外时钟。

③ 支持 SSM，支持时钟保护倒换。

④ 提供支路板再定时时钟。

⑤ 1+1 热备份，备份时钟单元跟踪主用时钟单元的频率和相位，在网管切换时，可实现输出时钟的频率和相位无跳变。

⑥ 采用软件控制的相位锁定电路，实现四种工作模式：

a. 快捕模式；

b. 正常跟踪模式；

c. 保持模式；

d. 自由振荡模式。

（2）交叉功能和线路业务处理功能。

OCS16 系统配置槽位图如图 3-15 所示。

① 高阶交叉：128×128 VC-4。

② 低阶交叉：32×32 VC-4。

③ 系统接入能力：92×92 VC-4。

④ 提供一路 STM-16 光信号处理。

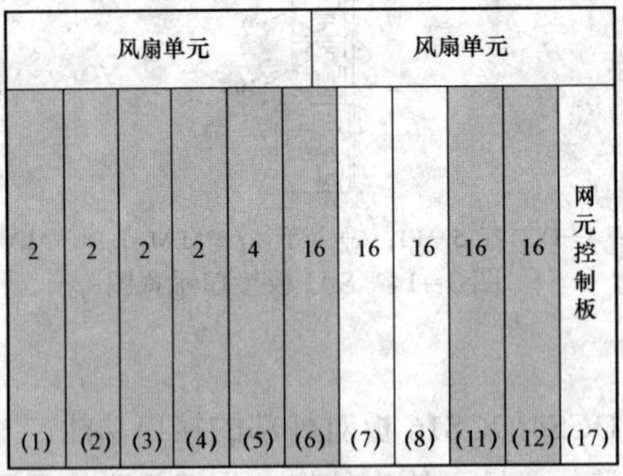

风扇单元						风扇单元				
2	2	2	2	4	16	16	16	16	16	网元控制板
(1)	(2)	(3)	(4)	(5)	(6)	(7)	(8)	(11)	(12)	(17)

图 3-15　OCS16 系统配置槽位图

OCS4 系统配置槽位图如图 3-16 所示。

① 高阶交叉：64×64 VC-4。

② 低阶交叉：32×32 VC-4。

③ 系统接入能力：32×32 VC-4。

④ 提供一路 STM-1/STM-4 光信号处理。

（3）其他功能。

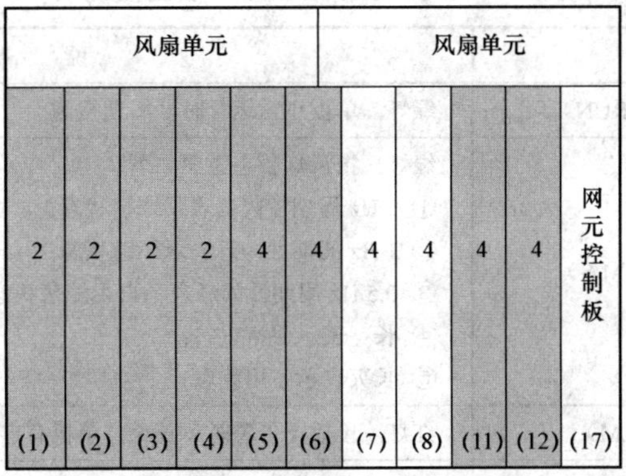

风扇单元
风扇单元
2
2
2
2
4
4
4
4
4
4
网元控制板
(1)
(2)
(3)
(4)
(5)
(6)
(7)
(8)
(11)
(12)
(17)

图 3-16　OCS4 系统配置槽位图

① 实现系统在 STM-16/STM-4/STM-1 级别应用时的高低阶通道保护功能。

② 实现一路 STM-16/STM-4/STM-1 光信号处理（STM-1 与 STM-4 兼容，可以通过网管设置），并提供光接口。光接口使用 SFP 光模块，接口类型为 LC。

③ 实现 ECC 数据转发功能。

④ 监视各业务板的状态，完成支路板 1:*N* 保护。

⑤ 实现时钟和交叉单元的 1+1 备份保护工作。

⑥ 支持 HP-TCM（高阶通道串接连接监视）功能。

2）OCS16/OCS4 板面板

OCS16 和 OCS4 单板的面板示意如图 3-17 所示，面板说明见表 3-5。

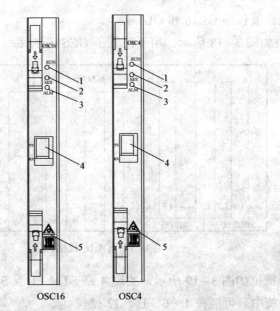

OSC16
RUN
M/S
ALM
TX
RX
1
2
3
4
5
OSC4
OSC16
OSC4

1—运行状态指示灯（RUN）；2—时钟状态指示灯（M/S）；3—告警指示灯（ALM）；4—收发光接口；5—激光警告标识

图 3-17　OCS16 和 OCS4 单板的面板示意图

表 3-5　OCS16 和 OCS4 单板面板说明

序号	名　称	说　明
1	运行状态指示灯（RUN）	绿灯，单板正常运行时，周期慢闪
2	时钟状态指示灯（M/S）	绿灯，指示灯状态说明如下： ① 5 Hz 周期性闪烁表示快捕状态； ② 1 Hz 周期性闪烁表示跟踪状态； ③ 0.5 Hz 周期性闪烁表示自由振荡状态； ④ 长亮表示保持状态； ⑤ 长灭表示备用状态
3	告警指示灯（ALM）	红灯，单板无告警时，长灭；单板有告警时，长亮
4	收发光接口	RX 表示收光口，TX 表示发光口，连接器类型为 LC/PC
5	激光警告标识	提示操作人员，插拔尾纤时，不要直视光接口，以免灼伤眼睛

4. 光线路单元

1）功能

完成 STM-1/STM-4/STM-16 速率光业务处理功能。完成光电转换、数据与开销分离的功能。STM-1/STM-4 光接口支持单纤双向功能。终结与再生 SDH 再生段开销与复用段开销。完成 AU-4 指针解释，获得 VC-4 净荷。实现 ECC 信息到 NCP 板的转发。向时钟板输出接收参考时钟。支持接收/发送光功率、模块温度和激光器工作电流等参数查询。支持光模块类型在线查询。支持 HP-TCM（高阶通道串接连接监视）功能，可在不同网络运营商公司的边界处，检测本网络所接收到的和所传递到下一个网络的 B3 误码块个数。

2）OL16 和 OL1/4×4 板槽位图

S325 的光线路板包括 OL16 和 OL1/4×4。

OL16 板槽位如图 3-18 所示。用于配置了 OCS16 的系统中，可插在 6、11、12 槽位。

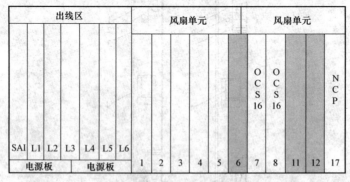

图 3-18　OL16 板槽位图

OL1/4×4 板槽位如图 3-19 所示。实现 4 路 STM-1 或 STM-4 光信号处理。用于配置了 OCS4/16 的系统中，可插在 1~6、11、12 槽位。

可配置为以下工作模式：

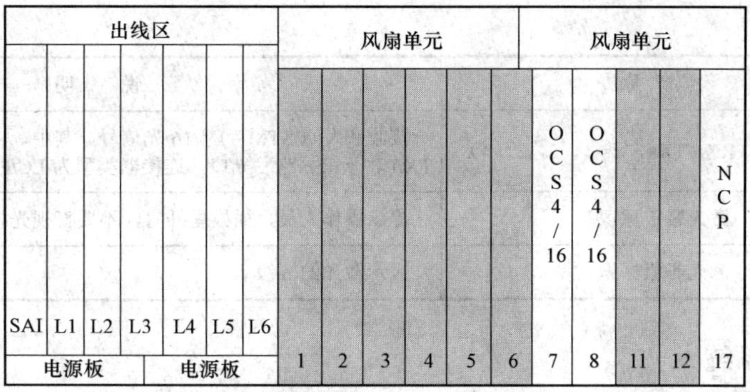

出线区
风扇单元
风扇单元
OCS4/16
OCS4/16
NCP
SAI L1 L2 L3 L4 L5 L6
1 2 3 4 5 6 7 8 11 12 17
电源板
电源板

图 3-19　OL1/4×4 板槽位图

OL1 模式：光接口速率均为 STM-1。

OL4 模式：光接口速率均为 STM-4。

OL1/4 模式：光接口速率可设置为 STM-1 或 STM-4。

3）OL16 和 OL1/4×4 板面板

OL16 和 OL1/4×4 板的面板示意如图 3-20 所示。面板说明见表 3-6。

OL16 ×1
OL1/4 ×4
RUN
M/S
ALM
TX
RX
TX1
RX1
TX2
RX2
TX3
RX3
TX4
RX4
1
2
3
4
5
6

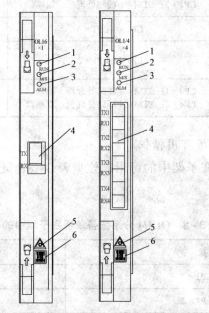

1—运行状态指示灯（RUN）；2—工作状态指示灯（M/S）；3—告警指示灯（ALM）；
4—收发光接口（RX/TX）；5—激光警告标识；6—激光等级标识

图 3-20　OL16 和 OL1/4×4 板面板示意图

表 3-6　OL16 和 OL1/4×4 板面板说明

序号	名　称	说　明
1	运行状态指示灯（RUN）	绿灯，单板正常运行时，周期慢闪
2	工作状态指示灯（M/S）	绿灯，正常工作情况下，长亮
3	告警指示灯（ALM）	红灯，单板无告警时，长灭；单板有告警时，长亮

序号	名　　称	说　　明
4	收发光接口（RX*n*/TX*n*，*n*=1，2，3，4）	接收和发送 STM-1/4/16 光信号，其中，RX*n* 表示第 *n* 路收光口，TX*n* 表示第 *n* 路发光口，连接器类型为 LC/PC
5	激光警告标识	提示操作人员，插拔尾纤时，不要直视光接口，以免灼伤眼睛
6	激光等级标识	显示激光的等级

5．OL1/4 分系统

1）功能

OL1/4 分系统实现 STM-1 电、STM-1/STM-4 光接口功能，完成接口转换、数据与开销分离等功能，以及实现 STM-1 电接口的 1:*N* 保护。单板说明见表 3-7。

表 3-7　OL1/4 分系统单板说明

实现功能	处理板	接口板
STM-1 光接口功能	LP1×1：STM-1 线路处理板，单端口 LP1×2：STM-1 线路处理板，双端口	OIS1×1：STM-1 光接口板，单端口 OIS1×2：STM-1 光接口板，双端口
STM-1 电接口功能	LP1×1/LP1×2	ESS1×2：STM-1 电倒换板，双端口
STM-1 电接口 1:*N* 保护功能（*N*≤5）	LP1×1/LP1×2	ESS1×2：STM-1 电倒换板，双端口 BIS1：桥接板
STM-4 光接口功能	LP4×1：STM-4 线路处理板，单端口 LP4×2：STM-4 线路处理板，双端口	OIS4×1：STM-4 光接口板，单端口 OIS4×2：STM-4 光接口板，双端口

2）OL1/4 分系统各单板可用槽位

OL1/4 分系统各单板在子架中的可用槽位见表 3-8。处理板槽位 1～6 从左到右依次对应接口板槽位 L1～L6。

表 3-8　OL1/4 分系统各单板在子架中的可用槽位

单　　板	可用槽位
LP1×1、LP1×2	1～6
LP4×1、LP4×2	5、6
BIS1	L1～L6
OIS1×1、OIS1×2	L1～L6
OIS4×1、OIS4×2	L5、L6

3）LP1×1/LP1×2/LP4×1/LP4×2 板功能

（1）LP1×1/LP1×2 单板功能。

① 可提供 1/2 路 STM-1 接口处理能力。

② 可实现网管信息从光线路到 NCP 板间的转发，并向 OCS4/OCS16 板输出接收参考

时钟。

③ 与电接口板配合使用，实现 STM-1 电接口的接入，完成电信号的异步映射/解映射的功能。

④ 与电接口倒换板 ESS1、接口桥接板 BIS1 配合使用，实现 STM-1 电接口的 1:*N* 保护。

⑤ 与光接口板 OIS1 配合实现 STM-1 速率光接口的接入，并完成接口转换、数据与开销分离的功能。

（2）LP4×1/LP4×2 单板功能。

① 可提供 1/2 路 STM-4 接口处理能力。

② 可实现网管信息从光线路到 NCP 板间的转发，并向 OCS4/OCS16 板输出接收参考时钟。

③ 与光接口板 OIS4 配合实现 STM-4 速率光接口的接入，并完成接口转换、数据与开销分离的功能。

4）LP1×1/LP1×2/LP4×1/LP4×2 板面板

LP1×1/LP1×2/LP4×1/LP4×2 板的面板示意如图 3-21 所示。面板说明见表 3-9。

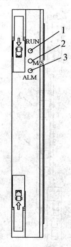

1—状态指示灯（RUN）；2—主备用指示灯（M/S）；3—告警指示灯（ALM）

图 3-21　LP1×1/LP1×2/LP4×1/LP4×2 板面板示意图

表 3-9　LP1×1/LP1×2/LP4×1/LP4×2 板面板说明

序号	名称	说明
1	状态指示灯（RUN）	绿灯，单板正常运行时，周期慢闪
2	主备用指示灯（M/S）	绿灯，对于配置了单板保护的单板，正常工作情况下，长亮表示本板处于主用状态，长灭表示本板处于备用状态；对于没有配置单板保护的单板，正常工作情况下，长亮
3	告警指示灯（ALM）	红灯，单板无告警时，长灭；单板有告警时，长亮

5）OIS1×1/OIS1×2/OIS4×1/OIS4×2 板功能

（1）OIS1×1/OIS1×2 单板功能。

完成 STM-1 光接口功能，有单路与双路两种型号单板；单板发光接口支持激光器自动关断功能。

（2）OIS4×1/OIS4×2 单板功能。

完成 STM-4 光接口功能，有单路与双路两种型号单板；单板发光接口支持激光器自动关断功能。

6）OIS1×1/OIS1×2/OIS4×1/OIS4×2 板工作原理

在接收侧，单板接收外部输入的光信号，完成 622 Mb/s 或 155 Mb/s 高速信号的光/电转换、信号分解及线路信号的提取，并将处理后的电信号经过背板送往业务板处理。

在发送侧，单板接收经背板送入的业务板信号，完成 622 Mb/s 或 155 Mb/s 信号复接、线路信号的合成，并进行信号的电/光转换，输出光信号到外部设备。

7）OIS1×1/OIS1×2/OIS4×1/OIS4×2 板面板

OIS1×2 板无面板，其接口示意如图 3-22 所示。提供两路光接口，连接器类型为 SC/PC。OIS1×1/OIS4×1/OIS4×2 板结构与 OIS1×2 板类似，区别是 OIS1×1/OIS4×1 板提供一路光接口。

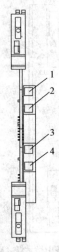

1—第 1 路发光口；2—第 1 路收光口；3—第 2 路发光口；4—第 2 路收光口

图 3-22　OIS1×2 板接口示意图

8）ESS1×2 板功能

为 LP1×1/LP1×2 板提供 2 路 STM-1 物理电接口。当不需要 1:N（$N \leqslant 5$）单板保护时，ESS1×2 板仅完成 STM-1 电接口的功能。当需要 1:N（$N \leqslant 5$）单板保护时，ESS1×2 板与 BIS1 板配合实现 STM-1 电业务的 1:N（$N \leqslant 5$）单板保护。

9）ESS1×2 板工作原理

在接收侧，ESS1×2 板接收外部输入的电信号，完成 155 Mb/s 高速信号分解及线路信号的提取，并将处理后的信号经过背板送往业务板处理。

在发送侧，ESS1×2 板接收经背板送入的业务板信号，完成 155 Mb/s 信号复接、线路信号合成，并将信号输出到外部设备。

在单板 1:N 保护时，ESS1×2 板还根据 OCS16 或 OCS4 板送来的控制信号完成对外信号是连接到工作板还是保护板的选择。

10）ESS1×2 板面板

ESS1×2 板无面板，其接口示意如图 3-23 所示。提供两路电接口，接口采用 1.0/2.3 弯式 PCB 焊接（附螺装）插座（孔）。

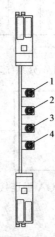

1—第 1 路电口收；2—第 1 路电口发；3—第 2 路电口收；4—第 2 路电口发

图 3-23　ESS1×2 板接口示意图

11）BIS1 板功能

BIS1 板完成保护板 LP1×1 或 LP1×2 和对应被保护工作板 LP1×1 或 LP1×2 的接口倒换板 ESS1×2 的桥接功能。

当系统需要实现 STM-1 电业务 1:N（N≤5）单板保护时使用，插在保护板对应的业务接口板槽位。

12）BIS1 板工作原理

BIS1 板将本槽位对应的业务信号转接到背板公用的备用信号插针。

13）BIS1 板面板

BIS1 板无面板，也无任何接口

14）OL1/4 分系统功能配置

实现一组 STM-1 电业务的 1:3 单板保护功能，以及实现 STM-1/STM-4 光业务处理等功能，如图 3-24 所示。

6. 光放大板 OA

OA 板实现对光线路信号的放大。单板可提供 1 路光信号的放大功能。光放大功能与信号速率无关，可以实现 1 550 nm 窗口各种速率 SDH 信号的放大功能。OA 板与其他光线路板的连接示意如图 3-25 所示，东向光线路板输出的光信号进入光放大板放大后输出，西向光线路板接收。

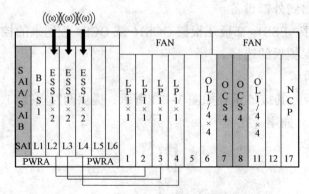

图 3-24　OL1/4 分系统功能配置图

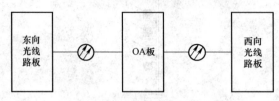

图 3-25　OA 板连接示意图

1）功能

OA 板通过放大 1 550 nm 波长的光功率，提高系统无中继的传输距离，为光信号提供透明的传送通道，数据速率包括 2.5 Gb/s、622 Mb/s 和 155 Mb/s。OA 板支持发送光功率、接收光功率、模块温度和激光器工作电流四个 EDFA 模块参数查询。

掺铒光纤放大器 EDFA 是光放大板的核心。分类见表 3-10。

表 3-10　光纤放大器分类

名称	作　用
OBA（光功率放大器）	位于系统的发射端，用于提高系统的发射功率，增大中继距离
OPA（光前置放大器）	位于系统的接收端，放大传输后的弱信号，提高系统接收机的输入功率
OLA（光线路放大器）	位于系统光纤线路中间，用于替代光电再生中继器

目前，ZXMP S325 支持 OBA 板和 OPA 板。

2）OA 板可用槽位

OA 板可插在子架所有业务板槽位（即业务板槽位 1～6、11 和 12）。

3）面板与接口

OBA 板和 OPA 板面板相似，仅面板标识不同。面板示意如图 3-26 所示。

7. EP1 分系统

EP1 分系统实现 PDH E1/T1 电信号的异步映射/解映射的功能，并提供 1:N（$N \leqslant 6$）支路保护功能。单板说明见表 3-11。

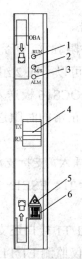

1—运行状态指示灯（RUN）；2—工作指示灯（M/S）；3—告警指示灯（ALM）；
4—收发光口（RX/TX）；5—激光警告标识；6—激光等级标识

图 3-26 OA 板面板示意图

表 3-11 EP1 分系统的单板说明

实现功能	需要配置的单板
E1 电信号处理功能	EPE1×21（或 EPE1B）、ESE1×21
E1 电支路 1:N（N≤5）保护功能	EPE1×21（或 EPE1B）、BIE1×21、ESE1×21
E1 电支路 1:6 保护功能	EPE1×21（或 EPE1B）、ESE1×21
T1 电信号处理功能	EPT1×21（或 EPE1B）、ESE1×21
T1 电支路 1:N（N≤5）保护功能	EPT1×21（或 EPE1B）、BIE1×21、ESE1×21
T1 电支路 1:6 保护功能	EPT1×21（或 EPE1B）、ESE1×21

1）各单板可用槽位

EP1 分系统各单板可用槽位见表 3-12。槽位 11 为 EPE1×21、EPT1×21、EPE1B 保护板专用槽位，此时不需要配置 BIE1×21 板。

表 3-12 EP1 分系统各单板可用槽位

单板	可用槽位
EPE1×21、EPT1×21、EPE1B	1~6
BIE1×21、ESE1×21	L1~L6
OIS4×1、OIS4×2	L5、L6

2）EPE1×21/EPT1×21/EPE1B 板（E1/T1 电信号处理板）功能

实现 E1/T1 电信号的映射和解映射，每块板最多可处理 21 路电信号。

（1）EPE1×21 板处理 E1 信号。

（2）EPT1×21 板处理 T1 信号。

（3）EPE1B 板可处理 E1 或 T1 信号。

支持上、下时隙号不相同，上、下时隙独立。可完成 2 组 AU 总线之间的 VC-12/VC-11 等级的通道保护。互为保护的 2 个通道可以不在 2 组 AU 总线的同一时隙。

按照并发优收的原则处理 OCS4 或 OCS16 板送入的 2 组 AU 总线。单板的"优收"通过检测不同时隙中的告警性能，选择相对正常的时隙进行解映射实现，"并发"通过同时向不同的 AU 总线时隙发业务来实现。

完成高阶通道、低阶通道的读取与插入。支持支路再定时（最大可支持 4 路支路再定时，端口为 1～4 路 E1/T1 时隙），和 BIE1×21、ESE1×21 板配合完成系统 1:N（N≤6）支路保护功能。

EPE1B 板除具有上述功能外，其 E1/T1 接口还支持非成帧和成帧方式。

（1）非成帧方式：单板的电口方向仅监测 E1/T1 接口 LOS/AIS 告警和 CV 性能计数。

（2）成帧方式：单板的电口方向除了监测非成帧方式的信息外，还监测接收到的 E1/T1 信号的成帧告警信息 LOF/RAI，并在网管上指示。用户可以根据网管的成帧告警信息，判断故障是由传输设备导致还是终端设备导致，方便解决现场故障。

3）EPE1×21/EPT1×21/EPE1B 板（E1/T1 电信号处理板）面板

EPE1×21/EPT1×21/EPE1B 板面板与 LP1/LP4 板相似，仅面板丝印不同。

4）ESE1×21 板（21 路 E1 电接口倒换板）功能

为 EPE1×21/EPT1×21/EPE1B 板提供 21 路 E1 或 T1 物理电接口。

（1）当不需要 1:N 单板保护时，ESE1×21 板仅完成 E1/T1 电接口的功能。

（2）当需要 1:N 单板保护时，ESE1×21 板可与 BIE1×21 板配合实现 E1/T1 电业务的 1:N（N≤5）单板保护，ESE1×21 板也可与在子架 11 槽位插入的保护板实现 E1/T1 电业务的 1:6 单板保护。

5）ESE1×21 板（21 路 E1 电接口倒换板）工作原理

在接收侧，ESE1×21 板接收外部输入的电信号，经过背板送往业务板处理。

在发送侧，ESE1×21 板接收经背板送入的业务板信号，将信号输出到外部设备。

在单板 1:N（N≤6）保护时，ESE1×21 板还根据 OCS4 或 OCS16 板送来的控制信号选择对外信号连接到工作板或保护板。

6）ESE1×21 板（21 路 E1 电接口倒换板）面板与接口

ESE1×21 板无面板，其接口示意及实物如图 3-27 所示，接口采用 50×2 叠层 3 墙弯式 PCB 焊接扁平电缆插座（针）。

7）BIE1×21 板（21 路 E1/T1 电接口桥接板）功能

BIE1×21 板完成保护板 EPE1×21/EPT1×21/EPE1B 和对应被保护工作板的接口倒换板 ESE1×21 的桥接功能。仅当系统需要实现 E1/T1 电业务 1:N（N≤5）单板保护时使用，插在保护板对应的业务接口板槽位。如果 EPE1×21/EPT1×21/EPE1B 保护板插在槽位 11 上，不需要配置 BIE1×21 板。BIE1×21 板将本槽位对应的业务信号转接到背板公用的备用信号插针。

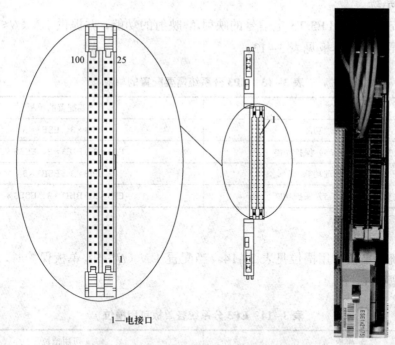

1—电接口

图 3-27　ESE1×21 板接口示意及实物图

8）BIE1×21 板（21 路 E1/T1 电接口桥接板）工作原理

当被保护工作板 EPE1×21/EPT1×21/EPE1B 发生故障时，BIE1×21 板根据 OCS4 或 OCS16 板送来的保护控制信号，将对应被保护工作板的接口倒换板 ESE1×21 所接收或发送的信号桥接到保护板处理。

9）BIE1×21 板（21 路 E1/T1 电接口桥接板）面板接口

BIE1×21 板无面板，也无任何接口。

10）EP1 分系统功能配置

实现一组 E1 电业务的 1:3 单板保护功能，实现 STM-1/STM-4 光业务处理等功能，如图 3-28 所示。

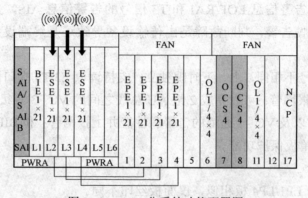

图 3-28　EP1 分系统功能配置图

8. EP3 分系统

EP3 分系统实现 PDH E3/T3 电信号的映射/解映射的功能，并提供 1:N（$N \leq 5$）支路保护功能。其中需要配置的单板见表 3-13。

表 3-13　EP3 分系统需要配置的单板

实现功能	需要配置的单板
E3 电信号处理功能	EP3×3、ESE3×3
E3 电支路 1:N（$N \leq 5$）保护功能	EP3×3、BIE3×3、ESE3×3
T3 电信号处理功能	EP3×3、ESE3×3
T3 电支路 1:N（$N \leq 5$）保护功能	EP3×3、BIE3×3、ESE3×3

1）各单板可用槽位

EP3 分系统各单板可用槽位见表 3-14。当配置 1:N（$N \leq 5$）单板保护时，EP3×3 板的保护板槽位为槽位 1。

表 3-14　EP3 分系统各单板可用槽位

单板	可用槽位
EP3×3	1～6
ESE3×3	L1～L6
BIE3×3	L1

2）EP3×3 板功能

可实现 3 路 E3 或 T3 业务处理。可通过网管配置端口速率为 E3 或 T3。支持 3 路 E3、T3 信号到 AU-4 任意时隙的映射、解映射和复用、解复用。

支持成帧和非成帧方式。

（1）非成帧方式时，单板的电口方向监测 E3 接口的 LOS/AIS 告警和 CV 性能计数，T3 接口的 LOS 告警（无 AIS 告警）和 CV 性能计数。

（2）成帧方式时，单板的电口方向除了监测非成帧方式的告警和信息外，还监测接收到的 E3/T3 信号的成帧告警信息 LOF/RAI 和 T3 信号的告警信息 AIS，并在网管上指示。用户可以根据网管的成帧告警，判断故障是由传输设备导致还是终端设备导致，方便解决现场故障。

支持上、下时隙号不相同，上、下时隙独立；支持读取 E3/T3 端口以及 VC-3/VC-4 通道的告警和性能并上报网管；可以完成 2 组 AU 总线之间的 VC-3 等级的通道保护；能读取 AU 总线、E3/T3 端口以及 VC-3 通道的告警和性能并上报网管；和 BIE3×3、ESE3×3 板配合完成 1:N（$N \leq 5$）单板保护功能。

3）EP3×3 板面板

EP3×3 板面板与 LP1/LP4 板相似，仅面板丝印不同。

4）ESE3×3 板功能

为 EP3×3 板提供 3 路 E3 或 T3 物理电接口。

当不需要 1:N（N≤5）单板保护时，ESE3×3 板仅完成 E3/T3 电接口的功能。

当需要 1:N（N≤5）单板保护时，ESE3×3 板与 BIE3×3 板配合实现 E3/T3 电业务的 1:N（N≤5）单板保护。

5）ESE3×3 板工作原理

在接收侧，ESE3×3 板接收外部输入的 E3/T3 电信号，完成电信号的提取，并将处理后的信号经过背板送往业务板处理。

在发送侧，ESE3×3 板接收经背板送入的 E3/T3 电信号，并将信号输出到外部设备。

在单板 1:N 保护时，ESE3×3 板还根据 OCS4 或 OCS16 板送来的控制信号选择对外信号连接到工作板或保护板。

6）ESE3×3 板面板与接口

ESE3×3 板无面板，接口示意如图 3-29 所示。

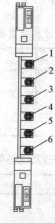

1—第 1 路电口收；2—第 1 路电口发；3—第 2 路电口收；4—第 2 路电口发；5—第 3 路电口收；6—第 3 路电口发

图 3-29　ESE3×3 板接口示意图

7）BIE3×3 板功能

BIE3×3 板完成保护板 EP3×3 和对应被保护工作板的接口倒换板 ESE3×3 的桥接功能。仅当系统需要实现 E3/T3 电业务 1:N（N≤5）单板保护时使用，插在保护板对应的业务接口板槽位。

8）BIE3×3 板工作原理

当被保护工作板 EP3×3 发生故障时，BIE3×3 板根据 OCS4 或 OCS16 板送来的保护控制信号，将对应被保护工作板的接口倒换板 ESE3×3 所接收或发送的信号桥接到保护板处理。

9）BIE3×3 板面板

BIE3×3 板无面板，也无任何接口。

10）EP3 分系统功能配置

实现一组 E3 电业务的 1:3 单板保护功能，实现 STM-1/STM-4 光业务处理等功能，如

图 3-30 所示。

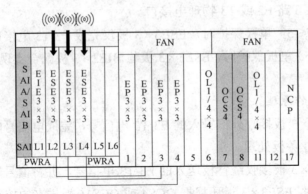

图 3-30　EP3 分系统功能配置图

9. EOS 分系统

EOS 分系统提供以太网电（光）接口接入，实现局域网间、局域网和广域网的业务经过 SDH 系统互联功能。需要配置的单板见表 3-15。EOS 分系统各单板性能对比见表 3-16。

表 3-15　EOS 分系统需要配置的单板

实现功能	需要配置的单板
以太网电业务处理	SFE×6、TFE×8、SED、EIFE×4、EIFE×6
以太网电处理 1:N（N≤5）单板保护功能	SFE×6、TFE×8、EIFE×4、EIFE×6、BIFE
以太网光业务处理（不提供接口保护功能）	SFE×6、TFE×8、SED、OIS1×4、OIS1×6

表 3-16　EOS 分系统各单板性能对比

处理板	接口板	用户口	系统口
SFE×6	EIFE×4（电接口） OIS1×4（光接口）	4 个 FE	6 个 VCG 端口，每端口最多配 46 个 VC-12，共 252 个 VC-12 带宽
SED（集成 2 个 GE 光口、2 个 FE 光口）	EIFE×6（电接口） OIS1×6（光接口）	最多 8 个 FE 口、2 个 GE 口	16 个 VCG 端口，每端口最多配 63 个 VC-12 或 24 个 VC-3 或 8 个 VC-4，共 8 个 AUG 带宽
TFE×8（集成 2 个 FE 光口）	EIFE×6（电接口）	最多 8 个 FE 口	8 个 VCG 端口，每端口最多配 63 个 VC-12 或 3 个 VC-3 或 1 个 VC-4，共 8 个 AUG 带宽

1）各单板可用槽位

EOS 分系统各单板可用槽位见表 3-17。在需要以太网电接口 1:N（N≤5）单板保护功能时，BIFE 板可用槽位为 SFE×6、TFE×8 保护板对应的业务接口板槽位。

表 3-17　EOS 分系统各单板可用槽位

单　板	可用槽位
SFE×6	1～6
SED、TFE×8	1～6、11、12
EIFE×4/EIFE×6、OIS1×4/OIS1×6	L1～L6
BIFE	SFE×6、TFE×8 保护板对应的业务接口板槽位

2）SFE×6 板功能

用户侧支持 4 个用户口（LAN 信号接入接口），可处理 4 路以太网光或电信号。其物理电接口由 EIFE×4 板提供，物理光接口由 OIS1×4 板提供。系统侧提供 6 个广域网方向，即提供 6 个 N×2.176 M 带宽的 WAN 接口。

每个广域网方向可以根据需要配置 1～46 个 VC–12（采用虚级联方式），能够灵活实现 2 M 带宽到 100 M 带宽的任意配置，所有的系统侧最多可以配置 252 个 VC–12。任意一个系统侧方向的业务由 N（1～46）个绑定的 VC–12 承载，绑定由网管配置完成，多路绑定的 VC–12 采用虚级联方式映射到 VC–4。4 个 LAN 接入接口间可以进行 L2 的线速交换。在透传模式下，4 个 LAN 接入接口和第 1～4 个 WAN 接口可以实现固定连接的完全透传功能。

单板支持两种 VLAN 模式：基于端口和基于 TAG 的 VLAN。所有的端口支持 4 094 个 VLAN ID。网管可以完成 VLAN、流量控制、地址学习、生成树、QoS、Trunk 等功能配置；从 AU 总线中取出所下的时隙，并将业务映射到相应的 AU 时隙中；完成业务的通道保护；完成高阶、低阶通道开销的读取与插入。

3）SFE×6 板面板接口

SFE×6 板面板与 LP1×1/LP1×2/LP4×1/LP4×2 板类似，仅面板丝印不同。

4）EIFE×4/EIFE×6 板功能

提供 4/6 路以太网物理电接口，完成以太网电接口的功能。根据 OCS16 或 OCS4 板送来的控制信号完成对外以太网业务是与工作板还是保护板的连接。

5）EIFE×4/EIFE×6 板工作原理。

EIFE×4 和 EIFE×6 板工作原理相同。

在接收侧，单板接收外部输入的以太网电信号，完成电信号的提取，并将处理后的信号经过背板送往业务板处理。

在发送侧，单板接收经背板送入的以太网电信号，并将信号输出到外部设备。

在 1:N（N≤5）单板保护时，EIFE×4 板根据交叉板送来的控制信号，选择信号连接到工作板或者保护板。

6）EIFE×4/EIFE×6 板面板接口

EIFE×4 板和 EIFE×6 板均无面板，且单板结构类似，区别为正面接口数量不同。以太网电接口采用 RJ45 接口，接口编号由上至下递增。接口支持 10 M/100 M 自适应的以太网端口，支持自动协商、全双工、半双工工作模式，传输距离不小于 100 m。面板接口示意及实物如图 3–31 所示。

7）OIS1×4/OIS1×6 板功能

单板提供 4/6 路 STM–1 光接口。单板光接口支持激光器关断功能。

8）OIS1×4/OIS1×6 板工作原理

在接收侧，单板接收外部输入的光信号，完成信号的光/电转换、信号分解以及线路信号的提取，并将处理后的电信号经过背板送往业务板处理。

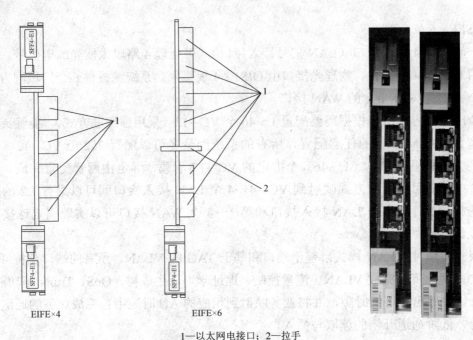

1—以太网电接口；2—拉手

图 3-31　EIFE×4/EIFE×6 板面板接口示意及实物图

在发送侧，单板接收经背板送入的业务电信号，完成信号的电/光转换，输出光信号到外部设备。

9）OIS1×4/OIS1×6 板面板接口

OIS1×4 板和 OIS1×6 板均无面板，且单板结构类似，区别为正面接口数量不同。以 OIS1×4 为例，面板接口示意如图 3-32 所示。光接口类型为 LC/PC 光接口，接口编号由上至下递增。接口采用 SFP 光模块，作为以太网光接口使用时，支持 100 M 全双工工作模式。

1—光接口

图 3-32　OIS1×4 板面板接口示意图

10）BIFE 板功能

BIFE 板完成保护板 SFE×6 和对应被保护工作板 SFE×6 的接口板 EIFE×4 的桥接功能。仅当系统需要实现以太网业务 1:N（N≤5）单板保护时使用，插在 SFE×6 保护板对应的接口板槽位。完成保护板 TFE×8 和对应被保护工作板 TFE×8 的接口板 EITFE×6 的桥接功能。仅当系统需要实现以太网业务 1:N（N≤5）单板保护时使用，插在 TFE×8 保护板对应的接口板槽位。

11）BIFE 板面板接口

BIFE 板无面板，也无任何接口。

12）EOS 分系统功能配置

实现一组以太网电业务 1:3 单板保护功能，实现 100 M 以太网光业务处理等功能，如图 3-33 所示。

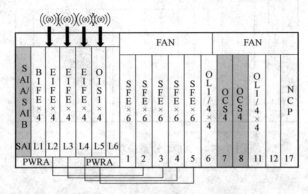

图 3-33　EOS 分系统功能配置图

10. ATM 分系统

ATM 分系统用于实现 ATM 业务数据到 SDH 传输网络的收敛或汇聚。系统包含 AP1×4、OIS1×4 单板。

1）各单板可用槽位

ATM 分系统各单板可用槽位见表 3-18。

表 3-18　ATM 分系统各单板可用槽位

单板	可用槽位
AP1×4	1～6
OIS1×4	L1～L6

2）功能

在 ATM 侧支持 4 个 155 Mb/s 的光接口，在系统侧提供 4 个 155 Mb/s 非级联方式的数据流，可选择使用 1～4 个 VC-4 通道传送 ATM 业务。支持线路时钟提取，可作为设备的抽时钟源。支持固定比特率业务（CBR）、实时可变比特率业务（rt-VBR）、非实时可变比特率业务（nrt-VBR）和未指定比特率业务（UBR）四种 ATM 业务类型。支持 VP/VC 的本地交换，支持基于 VP-AIS、LOS、LOF、OOF、LAIS、LCD 等告警的 VP 保护倒换。

3）面板

AP1×4 板面板与 LP1×1/LP1×2/LP4×1/LP4×2 板类似，面板提供运行状态指示灯（RUN）、主备用指示灯（M/S）和告警指示灯（ALM）。

4）ATM 分系统功能配置

实现速率为 STM-1 的 ATM 光业务数据到 SDH 传输网络的收敛或汇聚等功能。ATM 业务通过 OIS1×4 进行光电变换，然后传输到 ATM 业务处理模块 AP1×4，在 AP1×4 板中转换为业务总线送入 OCS4 板，由 OCS4 板将业务交叉至光线路板，实现远距离传输，如图 3-34 所示。

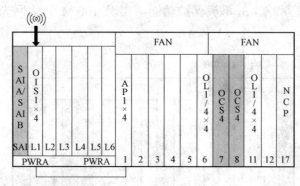

图 3-34　ATM 分系统功能配置图

11. RPR 分系统

RPR 分系统实现以太网业务到 RPR 的映射，完成 RPR 特有的功能，利用 SDH/MSTP 环网的通道带宽资源，提供 RPR 所需的双环拓扑结构，完成 RPR 节点的环形互连。RPR 分系统包含内嵌 RPR 处理板 RSEB、电接口板 EIFE×4、光接口板 OIS1×4。EIFE×4 板为 RSEB 板提供物理电接口，OIS1×4 板为 RSEB 板提供物理光接口。需要配置的单板见表 3-19。

表 3-19　RPR 分系统需要配置的单板

实现功能	需要配置的单板
RPR 业务（GE 光接口、FE 电接口）	RSEB、EIFE×4
RPR 业务（GE 光接口、FE 光接口）	RSEB、OIS1×4

1）各单板可用槽位

RPR 分系统各单板可用槽位见表 3-20。

表 3-20　RPR 分系统各单板可用槽位

单板	可用槽位
RSEB	1~6、11、12
OIS1×4、EIFE×4	L1~L6

2）RSEB 板功能

支持 Q in Q 的识别，用最外层 802.1Q 标识作为用户隔离 VLAN 标识，参与学习查找以及环网上业务的隔离。

支持不同的客户，不同的客户用 VLAN ID 来区分。每个客户可以包含多个 VLAN ID，使不同的客户在本地和不同站点之间都能实现完全隔离，保证了不同客户对数据安全的要求。每个客户可以有不同优先级的业务（包括 A 类、B 类和 C 类业务），不同的业务类型对应不同的 VLAN ID。

不同优先级的业务的带宽和峰值速率可以设置。支持公平算法，支持拓扑发现和保护功能，支持穿通（passthrough）模式。支持网管的配置、告警性能查询以及其他查询（包括端口运行状态、RPR 环的拓扑关系图）。RPR 环带宽可配置，支持 VC-4-xv 和 VC-3-xv 的虚级联，支持以 VC-4 为粒度带宽可调的 RPR 环。支持 Bypass（旁路）RPR MAC 功能，即业务只进行以太网交换处理，不进行 RPR MAC 的交换处理。可提供两种单板类型：RSEB-RPR 和 RSEB-EOS。RSEB-RPR 板为普通 RSEB 单板，提供 RPR 组网功能。RSEB-EOS 板通过旁路 RPR MAC 交换处理，实现 2 个 GE 接口（即 RPR 系统端口）的纯 EOS 功能。

3）RSEB 板面板接口

RSEB 板面板接口示意图如图 3-35 所示，面板接口说明见表 3-21。

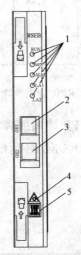

1—指示灯；2—GE 光接口 1；3—GE 光接口 2；4—激光警告标识；5—激光等级标识
图 3-35　RSEB 板面板接口示意图

表 3-21　RSEB 板面板接口说明

序号	名　称		说　明
1	指示灯	运行状态指示灯（RUN）	绿灯，单板正常运行时，周期慢闪
		工作指示灯（M/S）	绿灯，正常工作情况下，长亮
		告警指示灯（ALM）	红灯，单板无告警时，长灭；单板有告警时，长亮

序号	名 称		说 明
1	指示灯	GE 光接口连接指示灯（LA1、LA2）	绿灯，分别指示第 1、2 路 GE 光接口连接状态，即 LINK/ACTIVE 指示，当处于 LINK 状态时指示灯长亮，当有收发包时指示灯闪烁
2	接口	GE 光接口 1	第 1 路 GE 光接口，接口类型为 LC/PC
		GE 光接口 2	第 2 路 GE 光接口，接口类型为 LC/PC
3	标识	激光警告标识	提示操作人员，插拔尾纤时，不要直视光口，以免灼伤眼睛
		激光等级标识	显示激光的等级

4）RPR 分系统功能配置

RPR 分系统功能配置如图 3-36 所示。该配置可实现 RPR 组网，以及实现 100 M 以太网光业务处理等功能。

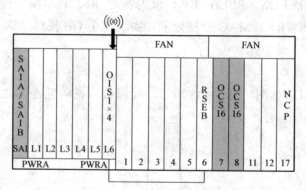

图 3-36 RPR 分系统功能配置图

以太网业务通过 OIS1×4 板的 4 个 FE 接口或者 RSEB 板的 2 个 GE 接口，送入到 RSEB 板的 RPR 处理单元，完成以太网帧到 RPR MAC 适配层所有功能。

12. 电源分系统

1）电源板可用槽位

电源分系统槽位如图 3-37 所示。

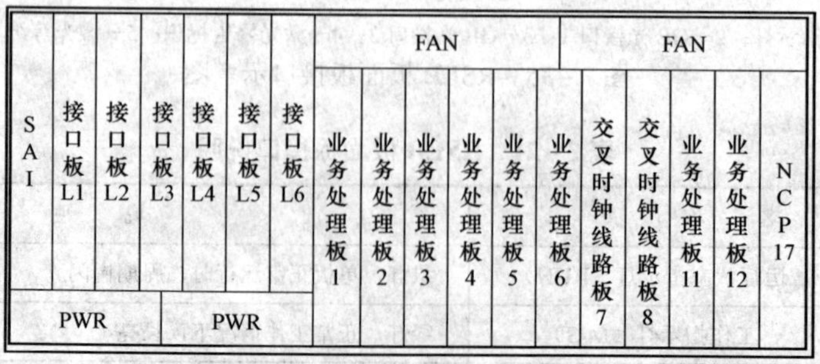

图 3-37 电源分系统槽位图

2）功能

S325 提供两种下面电源板，用于向子架供电，具体功能说明见表 3-22。

表 3-22　两种电源板功能说明

电源类型	功　能
PWRA	对引入的 -48 V 直流电源进行处理后，给子架供电使用； 支持 1+1 的热备份； 能防止电源反接，提供过、欠压和在位信号检测
PWRB	对引入的 +24 V 直流电源进行 EMI 干扰和纹波滤除后，再转换为 -48 V 的电压，给子架供电使用； 支持 1+1 的热备份； 能防止电源反接，提供过、欠压和在位信号检测

3）PWRA 板面板

PWRA 板面板示意图如图 3-38 所示。面板说明见表 3-23。

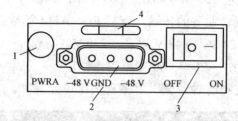

1—松不脱螺钉；2—电源输入接口；3—电源开关；4—拉手

图 3-38　PWRA 板面板示意图

表 3-23　PWRA 板面板说明

序号	名称	说　明
1	松不脱螺钉	用于固定电源板
2	电源输入接口	接入 -48 V 直流电源，接口采用 D 型三芯插座，由左至右依次定义为 -48 V GND、P GND、-48 V
3	电源开关	控制是否接入 -48 V 直流电源，开关置 "ON" 时将 -48 V 直流电源接入电源板，置 "OFF" 时将电源板与 -48 V 直流电源断开
4	拉手	用于插拔电源板

3.2　知识准备：中兴其他 SDH 设备介绍

中兴通讯股份有限公司的 MSTP 产品设备系列，除了前面介绍的 ZXMP S325，还有 S200、S320、S330、S380、S385、S390。

3.2.1　ZXMP S200

ZXMP S200 外形如图 3-39 所示，具有以下特点：

图 3-39　ZXMP S200 外形图

（1）2×STM-4+2×STM-1/4×STM-1、21×E1/24×T1、4×FE。

（2）高阶交叉 16×16 VC-4，低阶交叉 1 008×1 008 VC-12。

3.2.2　ZXMP S320

ZXMP S320 外形如图 3-40 所示，槽位如图 3-41 所示，具有以下特点：

（1）16×16 VC-4 全交叉矩阵。

（2）丰富的接口：2 路 STM-4 光接口+4 路 STM-1 光/电接口。

（3）支路上最大提供 4× 155 M（O/E）+63×2 M 传输。

（4）提供音频、数据混合业务的传输，支持 FE、ATM 等数据业务的接入传输。

（5）多种供电方式：+24 V、-48 V 以及～220 V。

（6）良好的环境适应性：-25～+60 ℃下工作稳定。

（7）极高的可靠性，支持时钟、交叉等多种关键单元保护。

图 3-40　ZXMP S320 外形图

OW	BETI	METI	METI	METI	METI	CSBE	CSBE	OIBI	OIBI	SCB	SCB	NCP	PWB	PWB

图 3-41　ZXMP S320 槽位图

3.2.3　ZXMP S330

ZXMP S330 外形如图 3-42 所示，槽位如图 3-43 所示，具有以下特点：

（1）高阶交叉容量为 384×384 VC-4，低阶交叉能力等效为 2 016×2 016 TU-12。

（2）体积小巧，性价比高。

（3）可实现从 STM-1 至 STM-16 的平滑升级和跳跃式升级，保护用户投资，容量扩展示意如图 3-44 所示。

（4）多达 24 个光接口及超强的交叉能力，单子架可以直接上下 252 个 2 M 业务。

（5）丰富的数据业务处理，支持 OS/ATM/RPR。

（6）高可靠性，多种手段保证业务安全。

（7）方便设计和维护。

图 3-42 ZXMP S330 外形图

业务接口板 1	业务接口板 2	业务接口板 3	业务接口板 4	业务接口板 5	业务接口板 6	时钟接口板 7	电源板 8	电源板 9	告警接口区 10	业务接口板 11	业务接口板 12	业务接口板 13	业务接口板 14	业务接口板 15	业务接口板 16	主控接口板 17
业务板 1	业务板 2	业务板 3	业务板 4	业务板 5	业务板 6	时钟板 7	时钟板 8	交叉板 9	交叉板 10	业务板 11	业务板 12	业务板 13	业务板 14	业务板 15	业务板 16	主控板 17
风扇插箱																

图 3-43 ZXMP S330 槽位图

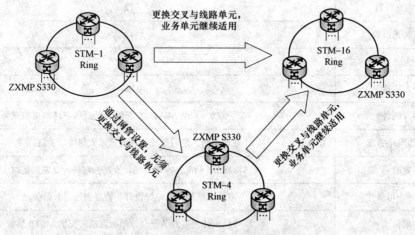

图 3-44 ZXMP S330 容量扩展示意图

3.2.4 ZXMP S380

ZXMP S380 外形如图 3-45 所示，槽位如图 3-46 所示，功能和性能特点见表 3-24。

图 3−45　ZXMP S380 外形图

图 3−46　ZXMP S380 槽位图

表 3−24　**ZXMP S380 功能和性能特点**

项　目	ZXMP S380
高阶交叉容量	256×256 VC−4
低阶交叉容量	$2\,016 \times 2\,016$、$4\,032 \times 4\,032$ VC−12
2.5 G 最大光口数	12
622 M 最大光口数	48
155 M 最大光口数	96
2 M 最大数量	756
组网能力（四纤）	单子架 2~6 个 ADM、二纤环、四纤环多环相切相交
网络保护和网络管理	逻辑子网、逻辑子设备、内置以太网接口 3 路公务
同步定时	S1、SSM 功能，时钟导出，支路抽时钟，支路再定时
系统安全性、可靠性	双总线结构、双电源设计、智能温控，分散供电
业务扩展能力	模块化设计、多业务平台、单板混插，提供 MSTP 功能
升级能力	可以平滑升级到 10 G
机架深度	厚度为 300 mm，体积小，前维护，安装方便

　　ZXMP S380 可以由 STM−16 系统平滑升级到 STM−64 系统。实现系统资源的最大利用，满足客户的最大利益需求。

3.2.5　ZXMP S385

ZXMP S385 外形如图 3-47 所示，槽位如图 3-48 所示，功能和性能特点见表 3-25。

图 3-47　ZXMP S385 外形图

电接口出线区/桥接板	电接口出线区	电接口出线区	电接口出线区	电接口出线区	OW	NCP	NCP	QXI	SCI	电接口出线区	电接口出线区	电接口出线区	电接口出线区	电接口出线区/桥接板
61	62	63	64	65	17	18	19	66	67	68	69	70	71	72
光/电/保	光/电	光/电	光/电	光/电	光	光	交叉时钟	交叉时钟	光	光	光/电	光/电	光/电	光/电	光/电/保
1	2	3	4	5	6	7	8	9	10	11	12	13	14	15	16
FAN　51					FAN　52					FAN　53				

图 3-48　ZXMP S385 槽位图

表 3-25　ZXMP S385 功能和性能特点

项　目	ZXMP S385
强大的接入和交叉能力	1 152×1 152 高阶 VC-4 180 G 交叉能力
	160 G 接入能力
	630 E1 单子架接入
完善的保护功能	系统总线 1+1 保护
	交叉时钟以及主控单元 1+1 保护
	逻辑子网保护
数据业务感知能力	级联 STM-N 业务颗粒接入
	二层交换功能
	高效的 RPR 处理能力
	强大的 MPLS 处理功能
	ATM 业务接入

ZXMP S385 可实现不中断业务的平滑升级，通过替供单板可以作为备件或作为支路使用。如图 3-49 所示。

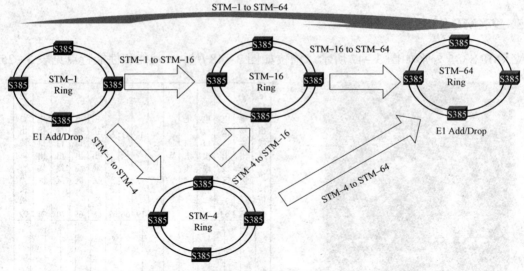

图 3-49　ZXMP S385 速率升级示意图

3.2.6　ZXMP S390

ZXMP S390 外形如图 3-50 所示，槽位如图 3-51 所示，功能和性能特点见表 3-26。

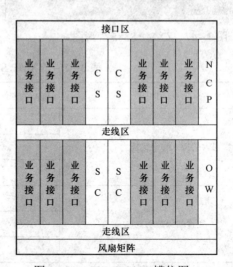

图 3-50　ZXMP S390 外形图　　　　图 3-51　ZXMP S390 槽位图

表 3-26　ZXMP S390 功能和性能特点

项目	ZXMP S390
高阶交叉容量	1 024×1 024、512×512 等效 VC-4
低阶交叉容量	20 G
10 G 最大光口数	12
2.5 G 最大光口数	48
622 M 最大光口数	48

续表

项目	ZXMP S390
155 M 最大光口数	96/192
2 M 最大数量	756
组网能力（四纤）	2 个 ADM、二纤环、四纤环多环相切相交
网络保护和网络管理	逻辑子网、逻辑子设备、开销透明传输，3 路公务
同步定时	S1、SSM 功能，时钟导出，支路抽时钟，支路再定时
系统安全性、可靠性	双总线结构、双电源设计、风扇智能控制技术
业务扩展能力	模块化设计、多业务平台，单板混插，提供 MSTP 功能
机架深度	厚度为 300 mm，体积小，前维护，安装方便

3.3　任务实施：创建网元

3.3.1　拓扑结构

如图 3-52 所示，3 个网元 A、B、C 组成二纤环网，链路速率为 STM-4，各网元采用 ZXMP S325 设备进行传输，A 站为中心站，设置为网元头、时钟和网管监控中心。每个网元有两个光方向，网元类型均为 ADM。

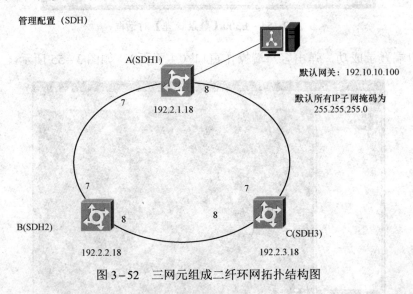

图 3-52　三网元组成二纤环网拓扑结构图

3.3.2　操作步骤

1. 启动 E300 网管软件

（1）启动 ZXONM E300 的服务器端。在安装服务器端软件的计算机中，双击桌面图标

【Server】。启动 ZXONM E300 的服务器端软件。效果如图 3-53 所示。

图 3-53　正在启动服务器端软件

（2）启动 ZXONM E300 的客户端，双击桌面图标【GUI】，弹出如图 3-54 所示的【登录管理】对话框。在【管理者】列表框中，单击选择需要登录的服务器名称【MANAGER（127.0.0.1）】。在【登录名】和【密码】文本框中，输入登录用户名和登录密码（默认登录用户名为 root，登录密码为空）。单击【登录】按钮。

图 3-54　E300【登录管理】对话框

（3）客户端登录成功，弹出客户端操作窗口（主界面）。如图 3-55 所示。

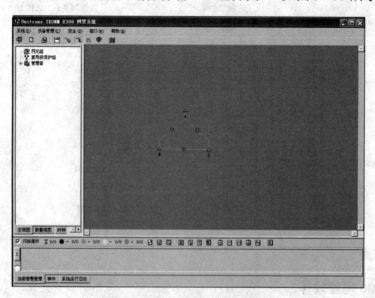

图 3-55　E300 网管软件主界面

2. 创建网元

创建网元 A、B、C。创建网元需要配置的网元参数见表 3-27。

表 3-27 网元配置基本参数

参数	网元 A	网元 B	网元 C
网元名称	A	B	C
网元标识	1	2	3
网元地址	192.2.1.18	192.2.2.18	192.2.3.18
子网掩码	255.255.255.0	255.255.255.0	255.255.255.0
系统类型	ZXMP S325	ZXMP S325	ZXMP S325
设备类型	ZXMP S325	ZXMP S325	ZXMP S325
网元类型	ADM&REG	ADM&REG	ADM&REG
速率等级	STM-16	STM-16	STM-16
在线/离线	离线	离线	离线
自动建链	自动建链	自动建链	自动建链
配置子架	主子架	主子架	主子架

（1）在客户端操作窗口中，单击【设备管理】|【创建网元】菜单项，出现如图 3-56 所示界面。以网元 A 为例，按照表 3-27 中参数输入。

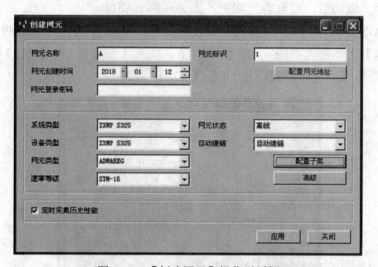

图 3-56 【创建网元】操作对话框

（2）单击【网元地址】，按照表 3-27 的参数，输入 IP 地址和子网掩码，如图 3-57 所示，单击【确定】按钮。

（3）单击【配置子架】按钮，进入【配置子架】对话框。单击【增加】按钮，系统自动增加【子架信息】，采用默认值即可，如图 3-58 所示。

图 3-57 【网元地址】对话框

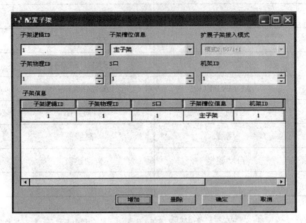

图 3-58 【配置子架】对话框

（4）创建网元成功后，网管客户端主界面显示网元图标。

（5）在 ZXONM E300 网管上为网元安装单板。以网元 A 为例，双击网元【A】图标，弹出【单板管理】对话框，如图 3-59 所示。依次插入【公务板 OW】（18#）、【网元控制板 NCP】（17#）、两块【交叉时钟线路板 OCSx】（7#和 8#）。

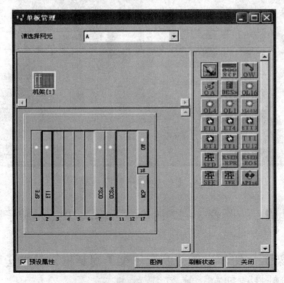

图 3-59 【单板管理】对话框

（6）右击【OCSx】（7#和 8#），在右键菜单中选择【模块管理】，弹出【模块管理】对话框，依次安装所有模块，包括 STM-4 光接口板【OL4】、时钟模块【SC】、空分交叉模块【CS】。如图 3-60 所示。

图 3-60　【模块管理】对话框

（7）以网元 A 为范本，复制网元 B、C。选择网元【A】，单击【设备管理】|【网元配置】|【复制网元】菜单项。弹出【复制网元】对话框，在【输入新复制的网元 ID】输入框中输入【2，3】。单击【应用】按钮。

3. 纤缆连接

按照拓扑结构图 3-52 所示，在 E300 网管软件中配置各网元之间的光连接。

（1）选择所有网元，在工具栏中单击【网元间连接配置】图标，弹出如图 3-61 所示的

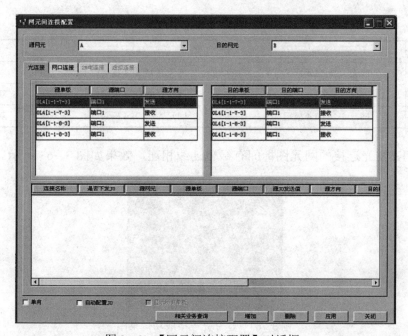

图 3-61　【网元间连接配置】对话框 1

【网元间连接配置】对话框。单击【源网元】|【A】的源单板【OL4[1-1-7-3]】|【端口1】和【目的网元】|【B】的目的单板【OL4[1-1-7-3]】|【端口1】，单击【增加】按钮。配置光纤连接网元 A 插在 7 号槽位上的交叉时钟线路板的光模块和网元 B 插在 7 号槽位上的交叉时钟线路板的光模块。效果如图 3-62 所示。

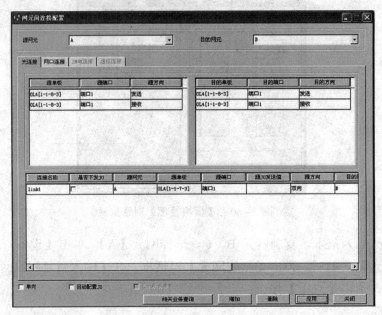

图 3-62 【网元间连接配置】对话框 2

（2）按照表 3-28 所示的单板连接关系建立所有光连接。

表 3-28 单板连接关系

序号	始端	终端	连接类型
1	网元 A 7# OL4 板端口 1	网元 B 7# OL4 板端口 1	双向光连接
2	网元 B 8# OL4 板端口 1	网元 C 8# OL4 板端口 1	双向光连接
3	网元 C 7# OL4 板端口 1	网元 A 8# OL4 板端口 1	双向光连接

（3）成功建立光连接的网元图标间有绿色连线相连，效果如图 3-63 所示。

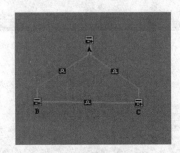

图 3-63 建立光连接成功效果图

任务 4

配置传输网业务

4.1 知识准备：2 M 业务介绍

PDH（plesiochronous digital hierarchy，准同步数字系列），是一种早期的数字传输制式，20 世纪 80 年代开始出现并迅速发展。PDH 主要有两大系列标准：E1，即 PCM30/32 路，2.048 Mb/s，欧洲和我国采用此标准；T1，即 PCM24 路，1.544 Mb/s，北美采用此标准。

E1 的一个时分复用帧，其长度 $T=125\ \mu s$，共划分为 32 个相等的时隙，时隙编号为 CH0～CH31。CH0 用作帧同步用，CH16 用作传送信令，其余信道用作话路，每个时隙传送 8 bit，因此共传送 $32\times8=256$（bit）。每秒传送 8 000 帧，因此一共传送 $256\times8\ 000/1\ 000\ 000=2.048$（Mb/s），即 2 M。2 M 数字中继业务是指通过速率为 2 Mb/s 的全透明数字电路通道传送语音和数据。

在传输设备 ZXMP S325 中，2 M 业务由 EPE1×21（E1 电信号处理板）和 ESE1×21 板（21 路 E1 电接口倒换板）进行接入和处理。实物图如图 4-1 所示。

图 4-1　EPE1×21 和 ESE1×21 板实物图

ESE1×21 板提供 21 路 E1 物理电接口，工作原理如图 4-2 所示。在接收侧，ESE1×21 板接收外部输入的电信号，经过背板送往业务板处理。在发送侧，ESE1×21 板接收经背板送入的业务板信号，将信号输出到外部设备。

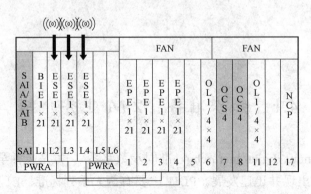

图 4-2　EPE1×21 和 ESE1×21 板工作原理

4.2　任务实施：2M 业务配置

4.2.1　业务描述

中兴通讯为广铁集团公司构建了如图 4-3 所示的光传输网络，其中站 A、B、C 构成二纤环形光传输网，速率为 STM-4。

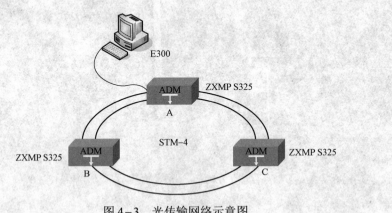

图 4-3　光传输网络示意图

业务要求如下：

（1）采用中兴通讯 ZXMP S325 设备，传输速率为 622.080 Mb/s。

（2）A 站与 B 站需要传输 30 路电话。

（3）A 站与 C 站需要传输 50 路电话。此业务经 A 站→B 站→C 站。

4.2.2　任务分析

1）各站点业务分析

A 站上下的业务：电话 80 路，采用 64 kb/s 的 PCM 编码，其中对 B 站 30 路（计算 $30 \times 64\ kb/s = 1\ 920\ kb/s$，$1\ 920/2\ 048 = 0.937\ 5$），需要 $1 \times 2\ M$ 接口；对 C 站 50 路（计算 $50 \times 64\ kb/s = 3\ 200\ kb/s$，$3\ 200/2\ 048 = 1.562\ 5$），需要 $2 \times 2\ M$ 接口。共计 $3 \times 2\ M$ 接口。

B 站上下的业务：电话 30 路，需要 $1 \times 2\ M$ 接口。从 A 站到 C 站的穿通业务电话 50 路，需要 $2 \times 2\ M$ 接口。

C 站上下的业务：电话 50 路，需要 $2 \times 2\ M$ 接口。

A、B、C 站构成一个环网，每个站至少有 2 个光方向，所以网元类型均为 ADM。

2）各站设备及单板的选择

3 个站均选用 ZXMP S325 设备。站点配置明细如表 4—1 所示。

表 4—1　站点配置明细表

站点	A	B	C
单板类型	单板数量（所用槽位）		
网元控制板（NCP）	1（17#）	1（17#）	1（17#）
公务板（OW）	1（18#）	1（18#）	1（18#）
交叉时钟线路板（OCS4）	2（7#、8#）	2（7#、8#）	2（7#、8#）
2 M 电支路板（EPE1×21）	1（2#）	1（2#）	1（2#）

按照上述的业务需求规划，画出拓扑图，如图 3—52 所示。

4.2.3　任务实施

1. 创建网元并配置单板

打开 E300 网管软件，按照表 3—27 中的配置数据，创建三个网元 A、B、C。根据表 4—1 的数据配置单板。选中网元 A，右击，在弹出的快捷菜单中选中【打开网元】菜单项，弹出【单板管理】对话框，如图 4—4 所示。在 17 号槽位插入网元控制板【NCP】；在 18 号槽位插入公务板【OW】；在 7 号和 8 号槽位插入交叉时钟线路板【OCSx】，并进入【模块管理】界面，安装模块【OL4】、【SC】、【CS】；在 2 号槽位插入 2 M 电支路板【ET1】。接下来，对 B 网元和 C 网元也进行同样的操作。

2. 完成纤缆连接

按照表 3—28 中的网元连接关系，完成纤缆连接。

3. 根据业务规划，完成各站之间的业务配置

根据表 4—2 中业务配置要求，配置网元 A 时隙（3 条 2 M 业务）。

表 4-2　网元 A 的时隙配置表

支路板		光　板				
支路板	2 M（VC-12）	光板	端口→AUG→AU4	TUG3	TUG2	TU12
2#ET1	1～3	7# OL4	1	1	1	1～3

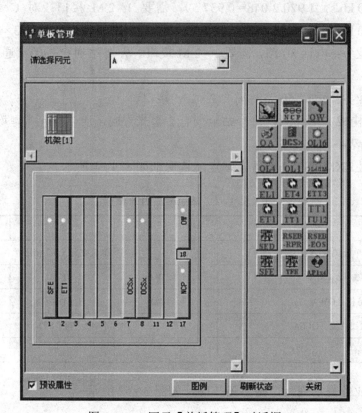

图 4-4　A 网元【单板管理】对话框

第一步：选中网元 A，右击，在弹出的快捷菜单中选中【业务配置】菜单项，弹出【业务配置】对话框。

第二步：在【操作方式】中选中【配置】。

第三步：在右下角选中【ET1[1-1-2]】电支路板。单击【图形时隙】界面左侧的加号，依次打开【OL4[1-1-7-3]】→【Port（1）】→【AUG（1）】→【AU4（1）】→【TUG3（1）】→【TUG2（1）】。单击【12（1）】，再单击下方的第一个【2 M】，然后单击【确认】按钮，此时将连上一条绿色的线。再依次将【12（2）】和第二个【2 M】连线，将【12（3）】和第三个【2 M】连线。最后单击右侧的【应用】按钮。出现一个【询问】对话框，对话框提示【确实要下发吗？】，单击【是】按钮。

A 网元业务配置结果如图 4-5 所示。

依据表 4-3 网元 B 时隙配置表（1）、表 4-4 网元 B 时隙配置表（2）。配置网元 B 的时隙。

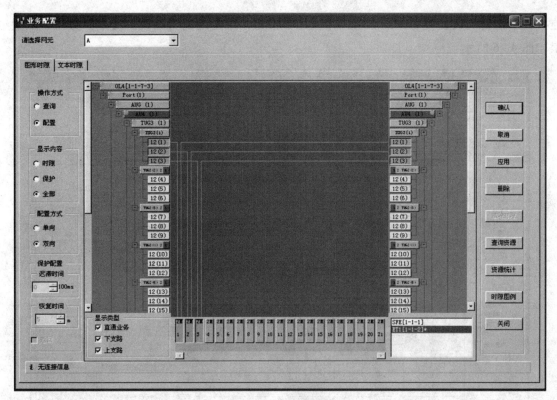

图 4-5　A 网元业务配置结果

表 4-3　网元 B 时隙配置表（1）

支路板		光　　板				
支路板	2 M（VC-12）	光板	端口→AUG→AU4	TUG3	TUG2	TU12
2#ET1	1	7# OL4	1	1	1	1

表 4-4　网元 B 时隙配置表（2）

光　　板					光　　板				
光板	端口→AUG→AU4	TUG3	TUG2	TU12	光板	端口→AUG→AU4	TUG3	TUG2	TU12
7# OL4	1	1	1	2～3	8# OL4	1	1	1	2～3

第一步：选中网元 B，右键菜单中点击【业务配置】，弹出【业务配置】对话框，

第二步：在【操作方式】中选中【配置】。

第三步：在右下角选中【ET1[1-1-2]】电支路板。将第 1 个 2 M 业务与光板【OL4[1-1-7-3]】→【Port（1）】→【AUG（1）】→【AU4（1）】→【TUG3（1）】→【TUG2（1）】→【12（1）】相连接。

第四步：将左侧光板【OL4[1-1-7-3]】→【Port（1）】→【AUG（1）】→【AU4（1）】→【TUG3（1）】→【TUG2（1）】→【12（2）】、【12（3）】与右侧光板【OL4[1-1-8-3]】→【Port（1）】→【AUG（1）】→【AU4（1）】→【TUG3（1）】→【TUG2（1）】→【12（2）】、【12（3）】相

连接。单击【确认】按钮。最后单击【应用】按钮。单击询问对话框的【是】按钮。配置结果如图 4-6 所示。

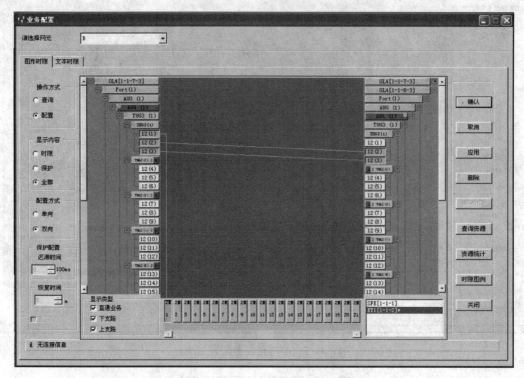

图 4-6　B 网元业务配置结果图

依据表 4-5 网元 C 时隙配置表，配置网元 C 的时隙。

表 4-5　网元 C 时隙配置表

支路板		光　　板				
支路板	2 M（VC-12）	光板	端口→AUG→AU4	TUG3	TUG2	TU12
2#ET1	2~3	8# OL4	1	1	1	2~3

在【业务配置】对话框右下角选中【ET1[1-1-2]】电支路板。将第 2、3 个 2 M 业务与光板【OL4[1-1-8-3]】→【Port（1）】→【AUG（1）】→【AU4（1）】→【TUG3（1）】→【TUG2（1）】→【12（2）】、【12（3）】相连接。单击【确认】按钮。最后单击【应用】按钮。单击询问对话框的【是】按钮。配置结果如图 4-7 所示。

4. 检查业务配置是否正确

业务配置完成后，可对于已配置的业务进行检查。

第一步：选中全部网元 A、B、C，单击【报表】→【全网业务报表】，弹出【全网业务报表】对话框。查看【终结业务】标签，显示两条无告警业务。选中其中一条业务，即可在【业务路由拓扑图】中显示该业务的配置路径，如图 4-8 所示。图中显示 A 站到 B 站的 1 个 2 M 业务。

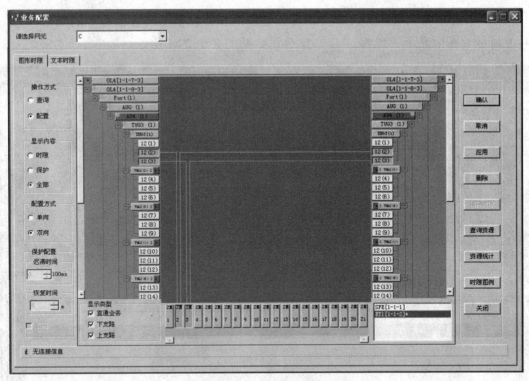

图 4-7 C 网元业务配置结果图

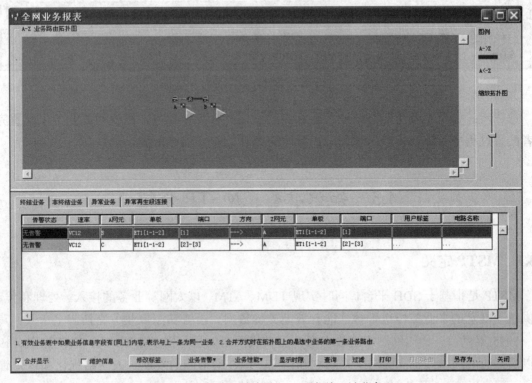

图 4-8 查看配置结果——A 站到 B 站业务

第二步：选中另一条业务，即可在【业务路由拓扑图】中显示该业务的配置路径，如图4-9所示。图中显示A站经过B站穿通到C站的2个2M业务。

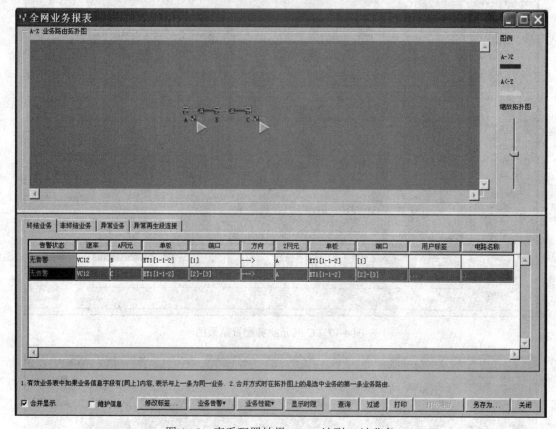

图4-9　查看配置结果——A站到C站业务

第三步：如果查看【非终结业务】标签时发现有非终结业务，则说明此业务未配置完，或者配置过程中时隙或接口出现问题。此时应该仔细查看前述配置。

4.3　知识准备：MSTP介绍

4.3.1　MSTP定义

MSTP是指基于SDH平台，同时实现TDM、ATM、以太网等业务的接入、处理和传送，提供统一网管的多业务传送平台，能有效地支持数据、语音和图像业务交换。

1995年以前，通信网网络建设主要依据交换网络的规划需求，网络以PDH为主。1995年以后，通信网作为独立的网络来规划和研究。现在通信网的发展进入网络优化和运营管理阶段。网络以SDH及DWDM为主，辅以微波通信。早期的城域网主要面向语音业务，数据业务发展缓慢。组网采用SDH环型拓扑结构，示意如图4-10所示。设备接入采用静态连接，容易导致交换机端口、SDH 端口、带宽紧张等问题。

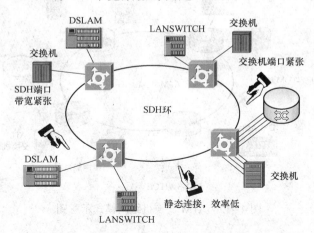

图 4-10 早期城域网组网示意图

随着数据业务的发展，必须在数据业务密集的地方建设数据网。主要采用光纤直连组网和 ATM 交换机组网这两种组网模式。

光纤直连组网模式，示意如图 4-11 所示。由于每个接入网接入设备都用光纤直接连接到通信网的路由器或交换机，导致光纤浪费严重。而且每个接入网的网络形态不一致，导致网格维护管理困难。所以这种组网形式只适用于初期网络较小的应用。

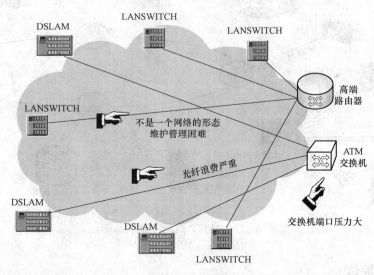

图 4-11 光纤直连组网模式示意图

另一种组网模式是 ATM 交换机组网，示意如图 4-12 所示。用 ATM 交换机组成环形网络，接入网设备通过 ATM 交换机连入通信网。ATM 技术摈弃了电路交换中采用的同步时分复用（TDM），改用异步时分复用，兼容原有的 TDM（时分复用传输）业务困难，而且组网能力弱，只适合本地初期宽带业务较小的应用。

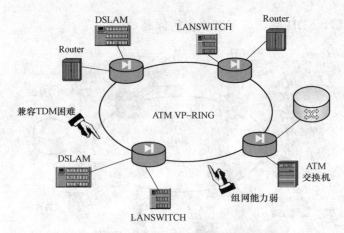

图 4-12　ATM 交换机组网模式示意图

原有的城域网简单地由局域网连接而成，需要通过传输网上行，而且标准不统一，设备不兼容，导致网络复杂、维护困难。而且与传输网并列存在、重复建设，投资大。在新形势下，为了节省网络投资以及出于竞争的需要，考虑将传输网和城域网合为一体，以"城域传送网"的面貌出现。MSTP 充当这个角色。MSTP 是可以运行 SDH、IP、ATM 等业务的多业务传送网，可兼容现有网络和现有 TDM 业务，组网灵活。如图 4-13 所示。

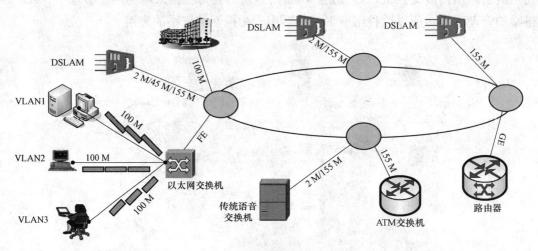

图 4-13　MSTP 组网方案示意图

4.3.2　MSTP 原理

1. 基本功能模型

用 PDH、ATM、以太网、STM-N 接口，连接相应的业务，再进行相应的处理，比如对 PDH 业务进行 VC 映射，对 ATM 业务进行 ATM 层处理，对以太网业务进行二层交换和 PRP 处理，对 STM-N 业务进行段开销和指针通道开销处理，核心是交叉连接。基本功能模型示意如图 4-14 所示。

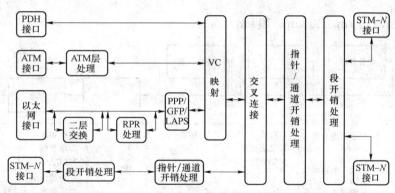

图 4-14   MSTP 基本功能模型示意图

2. 体系结构

MSTP 用传统 TDM 接口连接 PDH/SDH 业务，用 10 M/100 M/GE 以太网接口连接以太网业务，用 622 M/155 M/34 M/45 M ATM-UNI 接口连接 ATM 业务。MSTP 的体系结构示意如图 4-15 所示。

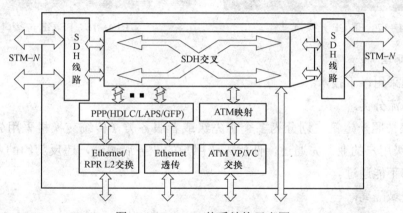

图 4-15   MSTP 体系结构示意图

3. MSTP 的核心处理模块——EOS

Ethernet Over SDH，简称 EOS。就是以太网映射上 SDH 一种技术方式。SDH 设备提供 STM-1 的 SDH 传输接口（光口或电口）和 100 M 全双工的以太网业务接口（光口或电口），把以太网数据包直接封装到 SDH/SONET 的净荷中，通过 SDH 传输网络实现以太网的远距离高速互联。可以广泛应用于电信、联通、移动、网通、广电等各运营商的网络中。

EOS 处理流程：接入→业务处理→二层交换→环路控制→封装→映射→SDH 交叉连接。具体内容如图 4-16 所示。

1）接入

以太网板卡端口采用 FE（百兆以太网）、GE（千兆以太网）光接口（如图 4-17 所示）和电接口（如图 4-18 所示）。板卡上 8 个 FE/GE 光电接口可以光、电选配，比如 8 个全配置成光口，也可以 8 个全配置成电口，也可以 8 个端口中有些配置成光口，其余的配置成电口。FE 光口可实现远距离接入，比如 2 km 或 15 km。GE 光口可以热插拔，能适应多种传输距离，如 500 m、10 km、30 km、70 km。

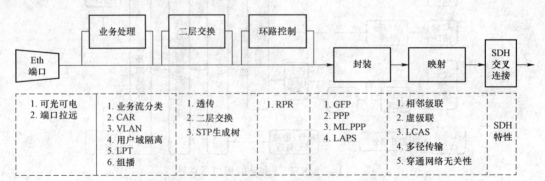

图 4-16　EOS 处理流程示意图

图 4-17　FE/GE 光接口

图 4-18　FE/GE 电接口

2）业务处理

业务处理采用以下技术：

（1）业务流分类。

将以太帧按照一定策略划分为多个优先级或者服务类（传统交换机采用先进先出的策略）。高优先级用户的业务先通过，低优先级用户的业务后通过，违反契约的业务无论是什么级别用户都不能通过。

（2）用户域隔离。

用 VLAN 技术实现用户域隔离，最大程度保证网络安全，如图 4-19 所示。

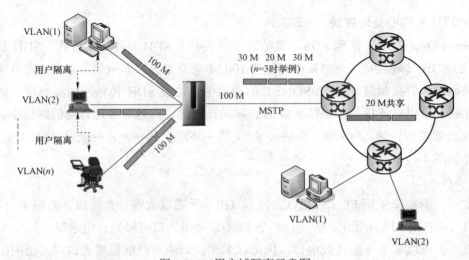

图 4-19　用户域隔离示意图

3）二层交换

采用透传技术。透传技术原理：来自以太网接口的数据帧不经过二层交换，直接进行协议封装和速率适配后，映射到 SDH 的虚容器（VC）中，如图 4-20 所示。

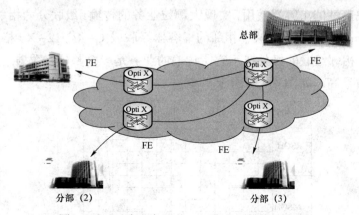

图 4-20　以太业务透传、汇聚应用模式示意图

MSTP 支持的透传功能：

（1）保证以太网业务的透明性，包括以太网 MAC 帧、VLAN 标记等的透明传送。

（2）传输链路带宽可配置。

（3）支持 VLAN 处理功能。

（4）支持流量控制。

（5）透传业务模式：FE→FE、GE→GE。

4）环路控制

PRP 为逆向双环拓扑结构，外环和内环都传送数据包和控制包，内环的控制包携带外环数据包的控制信息，反之亦然，如图 4-21 所示。

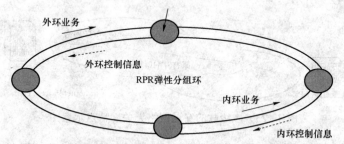

图 4-21　PRP 逆向双环拓扑结构示意图

5）封装

目前有三种方案将以太网数据通过专用协议映射到 SDH 帧结构中。

方案一：通过点到点协议 MLPPP 转换成 HDLC（高级数据链路控制规程）帧结构，再映射到 SDH 的虚容器 VC 中（三步：提取 MAC 帧、PPP 帧、HDLC 帧）。

方案二：将数据包转换成 LAPS（link access procedure SDH，SDH 链路接入规程）结构映射到 SDH 虚容器 VC 中。

方案三：将数据包通过通用层帧规程（GFP）的方式映射到 SDH 虚容器 VC 中。

6）映射

级联是在 MSTP 上实现的一种数据封装映射技术，它可将多个虚容器组合起来，作为一个保持比特序列完整性的单容器使用，实现大颗粒业务的传输。级联分为相邻级联和虚级联。相邻级联是将同一 STM−N 数据帧中相邻的虚容器级联成 C−4/3/12−Xc 格式，作为一个整体结构进行传输。相邻级联的好处在于它所传输的业务是一个整体，数据的各个部分不产生时延，信号传输质量高。如图 4−22 所示。

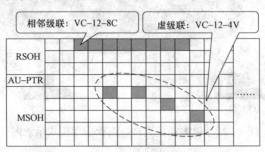

图 4−22　相邻级联和虚级联示意图

但是，相邻级联方式的应用存在着一定的局限性，它要求业务所经过的所有网络、节点均支撑相邻级联方式，如果涉及与原网络设备混合应用的情况，那么原有设备则可能无法支持相邻级联，因而无法实现全程的业务传输。此时，可以采用虚级联方式来完成级联业务的传输。虚级联则是将分布于不同 STM−N 数据帧中的虚容器（可以同一路由或不同路由），按照级联的方法，形成一个虚拟的大结构 VC−4/3/12−Xv 格式，进行传输。

虚级联具有穿通网络无关性和多径传输的特点。

MSTP 设备采用虚级联技术，保证穿通网络的无关性，充分利用原有网络资源，并快速开展业务，如图 4−23 所示。

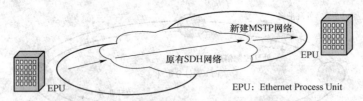

图 4−23　虚级联的穿通网络无关性特点示意图

MSTP 设备采用延时补偿技术，在保证穿通网络无关性的同时，提供多径传输，充分利用原有网络资源，如图 4−24 所示。

图 4−24　虚级联的多径传输特点示意图

4.3.3　MSTP 应用

MSTP 在城域以及广域的范围内提供高质量的 2 层以太网业务，为大客户提供高质量的数据专线和 TLS（透明 LAN）业务。

以下是业务开展示例：

（1）点到点以太网专线业务。

点到点以太网专线业务可以分为独占带宽型和共享带宽型两种。从【电信大厦】接入点到【工业园】接入点配置一条点到点专线业务，如图 4-25 所示。

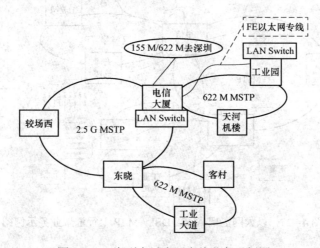

图 4-25　点到点以太网专线业务示例图

（2）ADSL/VDSL 端到端专线业务。

如图 4-26 所示，如果在点到点以太网专线两端连接 ADSL/VDSL DSLAM（IP 上行）设备，则成为 ADSL/VDSL 专线。

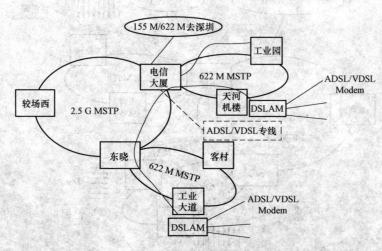

图 4-26　ADSL/VDSL 端到端专线业务示例图

（3）以太网汇聚 ADSL DSLAM IP 上行汇聚业务。

如图 4-27 所示，将【工业园】【天河机楼】【客村】【工业大道】几个接入点的业务汇聚后，沿着 MSTP（622 M）环网，通过【电信大厦】的端口去 IP 骨干网。以太网汇聚功能能进一步提高传输通道的利用率，适合普通用户 LAN 宽带接入业务的传送要求。可以节省 IP 城域网中光纤的占用，还可以节省 IP 城域网中光端口的占有。

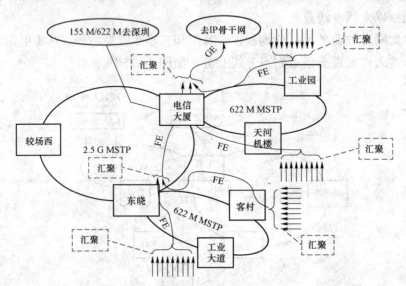

图 4-27　以太网汇聚 ADSL DSLAM IP 上行汇聚业务示例图

（4）ADSL ATM 上行汇聚业务。

如图 4-28 所示，用 DSLAM（数字用户线路接入复用器，是各种 DSL 系统的局端设备，属于最后一公里接入设备，其功能是接纳所有的 DSL 线路，汇聚流量，相当于一个二层交

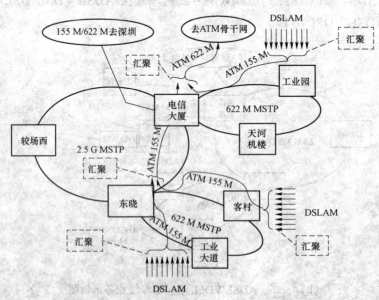

图 4-28　ADSL ATM 上行汇聚业务示例图

换机）设备将【工业园】、【客村】、【工业大道】几个接入点的业务汇聚后，沿着 MSTP（622 M）环网，通过【电信大厦】的端口去 ATM 骨干网。可以节省 ADSL 组网中光纤的占用，还可以节省 ATM 网中光端口的占有。

（5）虚拟以太局域网业务（同城互联业务）。

如图 4-29 所示，将【电信大厦】、【较场西】、【东晓】几个 LAN Switch（局域网交换机）连成一个以太共享环，提供虚拟局域网的互联业务，实现同城互联。

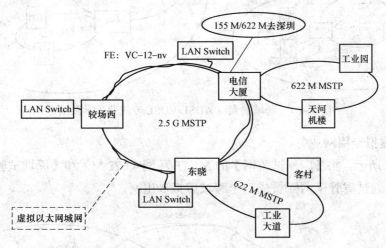

图 4-29　虚拟以太局域网业务示例图

（6）跨域端到端以太网专线业务。

如图 4-30 所示，从【广州试验网】的【工业大道】接入点到【深圳试验网】的【华强电子】接入点，配置一条跨域端到端以太网专线业务。

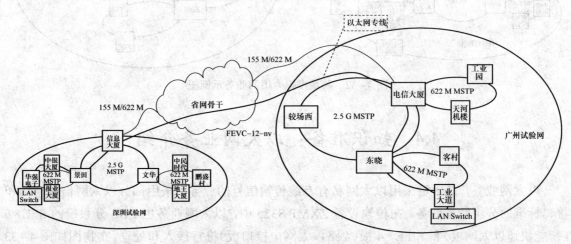

图 4-30　跨域端到端以太网专线业务示例图

（7）跨域端到端 ADSL/VDSL 专线业务。

如图 4-31 所示，如果在跨域端到端以太网专线两端连接 ADSL/VDSL DSLAM（IP 上行）设备，则成为 ADSL/VDSL 专线。

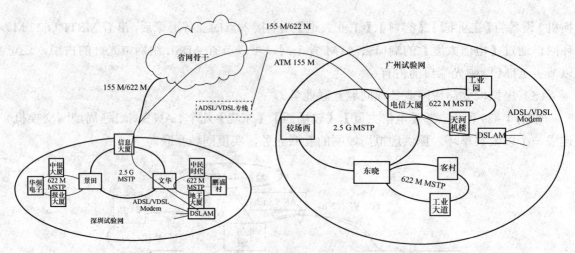

图 4-31　跨域端到端 ADSL/VDSL 专线业务示例图

（8）跨域虚拟专用网业务。

如图 4-32 所示，将【广州试验网】的 MSTP 环网（622 M）和【深圳试验网】的 MSTP 环网（622 M）通过省骨干网配置成一个跨域虚拟专用网。

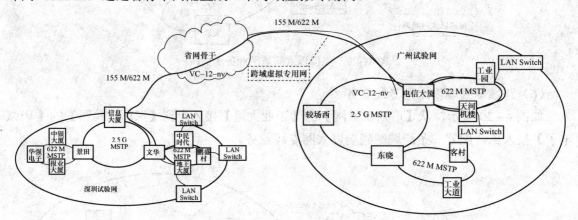

图 4-32　跨域虚拟专用网业务示例图

4.4　知识准备：以太网业务介绍

以太网业务，是一种采用以太网私有专线传输信号的业务，采用部分以太网信号结构和接口标准的分组数据业务。在传输设备 ZXMP S325 中，以太网业务由 EOS 分系统的 SFE×6（智能快速以太网板）和 EIFE×4 板（4 路以太网电接口板）进行接入和处理。实物图如图 4-33 所示。

如图 4-34 所示，EIFE×4 板提供 4 路以太网物理电接口，完成以太网电接口的功能。在接收侧，单板接收外部输入的以太网电信号，完成电信号的提取，并将处理后的信号经过背板送往业务板处理。在发送侧，单板接收经背板送入的以太网电信号，并将信号输出到外部设备。

图 4-33 EOS 分系统实物图

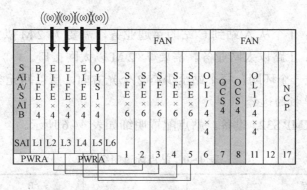

图 4-34 SFE×6 和 EIFE×4 板工作原理

4.5 任务实施：以太网业务配置

4.5.1 业务描述

中兴通讯为广铁集团公司构建了如图 4-35 所示的光传输网络，其中站 A、B、C 构成二纤环形光传输网，速率为 STM-4。

业务要求如下：

采用中兴通讯 ZXMP S325 设备，传输速率为 622.080 Mb/s。

A 站为中心站，C 站为无人值守站，A、C 之间需要透明传输一路图像监控业务，采用 10/100 Mb/s 自适应以太网方式传输，带宽为 14 Mb/s。

A 站与 C 站之间的业务经 A 站→B 站→C 站。

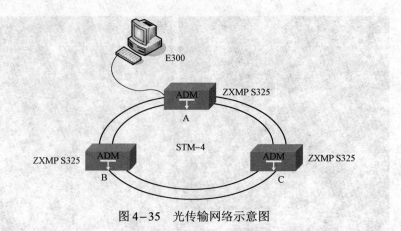

图 4-35 光传输网络示意图

4.5.2 任务分析

1）各站点业务分析

A 站上下的业务：一路 10/100 Mb/s 以太网业务，带宽为 14 Mb/s，需要 7×2 M 以太网接口。

B 站上下的业务：1 个从 A 站到 C 站的穿通业务，需要 7×2 M 以太网接口。

C 站上下的业务：1 路以太网业务。需要 7×2 M 以太网接口。

A、B、C 站构成一个环网，每个站至少有 2 个光方向，所以网元类型均为 ADM。

2）各站设备及单板的选择

3 个站均选用 ZXMP S325 设备。站点配置明细如表 4-6 所示。

表 4-6 站点配置明细表

站点	A	B	C
单板类型	单板数量		
网元控制板（NCP）	1（17#）	1（17#）	1（17#）
公务板（OW）	1（18#）	1（18#）	1（18#）
交叉时钟线路板（OCS4）	2（7#、8#）	2（7#、8#）	2（7#、8#）
智能快速以太网板（SFE×6）	1（1#）		1（1#）

按照上述的业务需求规划，画出拓扑图，如图 3-52 所示。

4.5.3 任务实施

1. 创建网元并配置单板

打开 E300 网管软件，按照表 3-27 中的配置数据，创建三个网元 A、B、C。根据表 4-6 的数据配置单板。网元 A【单板管理】对话框如图 4-36 所示。对网元 C 进行同样的操作。网元 B【单板管理】对话框如图 4-37 所示。

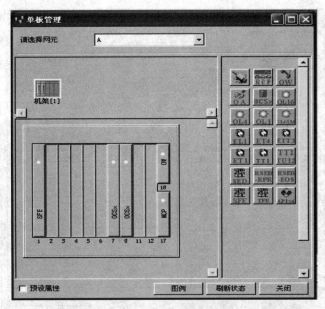

图 4-36　网元 A【单板管理】对话框

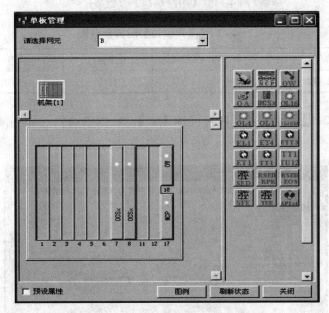

图 4-37　网元 B【单板管理】对话框

2. 完成纤缆连接

按照表 3-28 中的网元连接关系，完成纤缆连接。

3. 设置网元 A 和 C 的 SFE 板属性

第一步：双击网元 A，打开网元 A 的【单板管理】对话框。再双击【SFE】板，弹出【单板属性】对话框。

第二步：单击【高级】按钮，进入【高级属性】对话框【数据端口属性】页面。如图 4-38 所示，单击【用户端口 1】，使选择框内有符号【√】，启用该端口。按照表 4-7 中参数设置。

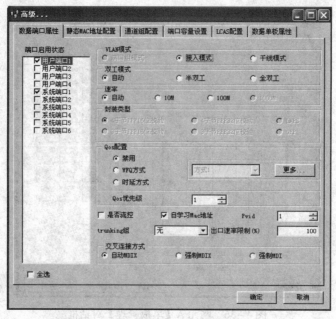

图 4-38 【用户端口】设置界面

表 4-7 【用户端口】配置参数表

配置内容	VLAN 模式	双工模式	速率	Pvid
【用户端口 1】参数	接入模式	自动	自动	1

单击【系统端口 1】，使选择框内有符号【√】，启用该端口，如图 4-39 所示。配置参数见表 4-8。

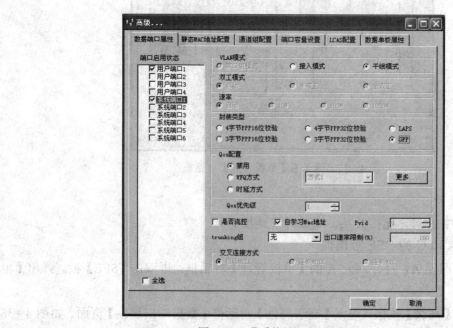

图 4-39 【系统端口】设置界面

表 4–8　【系统端口】配置参数表

配置内容	VLAN 模式	封装类型
【系统端口 1】参数	干线模式	GFP

　　第三步：配置通道组，需要完成的以太网业务为 14 Mb/s，因此网元 A 需要捆绑 7 个 TU12 通道。根据表 4–9 所示配置要求进行通道组配置。

表 4–9　【通道组分配】配置参数表

配置内容	占用（TU12 通道）	级联方式	通道组 ID
参数	01～07	虚级联	1

　　如图 4–40 所示，在【通道组分配】对话框的【未使用】时隙选择框内，选中【1】～【7】，单击【▶】按钮，将所选时隙选中到【占用】选择框，单击【确定】按钮，完成通道组配置，返回【通道组配置】页面。

图 4–40　【通道组分配】设置界面

　　第四步：配置端口容量。选中【端口容量设置】选项卡，进入【端口容量设置】页面。为网元 A 的【系统端口 1】指定相应网元的通道组 1，如图 4–41 所示。

　　第五步：配置 LCAS。选中【LCAS 配置】选项卡，进入【LCAS 配置】界面。对网元 A 的【系统端口 1】中的 TU12 进行 LCAS 配置，配置参数如表 4–10 所示。设置结果如图 4–42 所示。

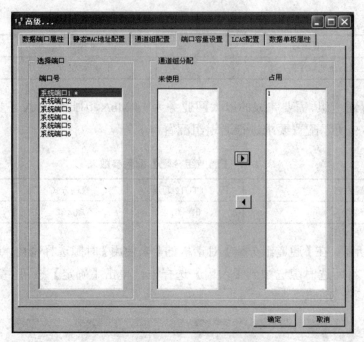

图 4-41 【端口容量设置】对话框

表 4-10 【LCAS 配置】配置参数表

配置内容	端口号	LCAS 使能	方向	占用（TU12 通道）
参数	系统端口 1	选中	双向	1～7

图 4-42 【LCAS 配置】设置界面

第六步：配置数据单板属性。选中【数据单板属性】标签，进入【数据单板属性】设置界面。在【运行方式】下拉框中选中【透传模式】，【MAC 地址】和【IP 地址】中使用默认设置。设置完毕。

重复第一步到第六步，设置网元 C 的 SFE 板属性。

4．根据业务规划，完成各站之间的业务配置

根据表 4-11 中业务配置要求，配置网元 A 的时隙（7 条以太网业务）。

表 4-11　网元 A 的时隙配置表

支路板		光　　板				
支路板	2 M（VC-12）	光板	端口→AUG→AU4	TUG3	TUG2	TU12
1#SEF	1～7	7# OL4	1	1	1～3	1～7

选中网元 A，在【业务配置】对话框中选中【配置】。在右下角选中【SFE[1-1-1]】以太网支路板。将第 1 个到第 7 个 2 M 时隙与光板【OL4[1-1-7-3]】→【Port（1）】→【AUG（1）】→【AU4（1）】→【TUG3（1）】→【TUG2（1）】→【12（1）】到【12（7）】相连接。

单击【确认】按钮。最后单击【应用】按钮。单击询问对话框的【是】按钮。配置结果如图 4-43 所示。

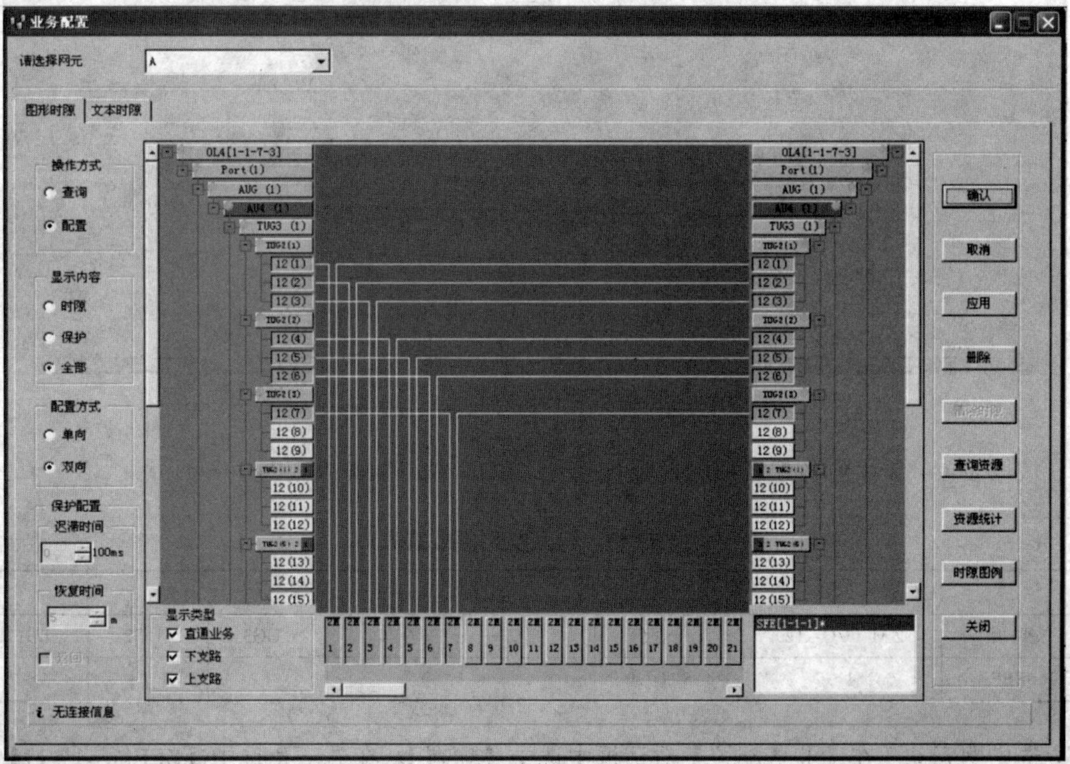

图 4-43　网元 A【业务配置】结果

依据表 4-12 中业务配置要求，配置网元 B 的时隙（7 条穿通业务）。

表 4-12 网元 B 时隙配置表

光　板					光　板			
光板	端口→AUG→AU4	TUG3	TUG2	TU12	光板	端口→AUG→AU4	TUG3	TUG2	TU12
7# OL4	1	1	1～3	1～7	8# OL4	1	1	1～3	1～7

选中网元 B，在【业务配置】对话框中选中【配置】。将左侧光板【OL4[1-1-7-3]】的【12（1）】到【12（7）】时隙与右侧光板【OL4[1-1-8-3]】的【12（1）】到【12（7）】时隙相连接。配置结果如图 4-44 所示。

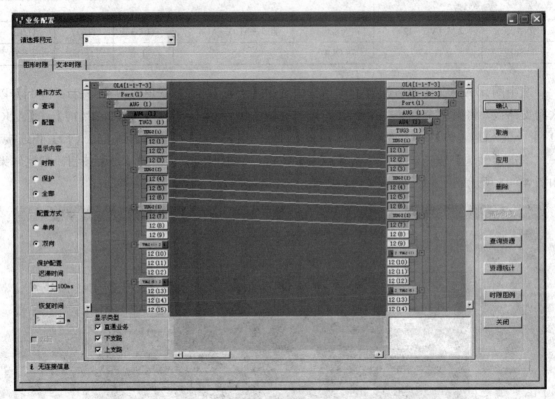

图 4-44 网元 B 穿通【业务配置】结果

依据表 4-13 中业务配置要求，配置网元 C 的时隙（7 条以太网业务）。

表 4-13 网元 C 时隙配置表

支路板		光　板				
支路板	2 M（VC-12）	光板	端口→AUG→AU4	TUG3	TUG2	TU12
1#SEF	1～7	8# OL4	1	1	1～3	1～7

选中网元 C，在【业务配置】对话框中选中【配置】。在右下角选中【SFE[1-1-1]】以太网板。将第 1 到 7 个 2 M 时隙与光板【OL4[1-1-8-3]】的【12（1）】到【12（7）】时隙相连接。配置结果如图 4-45 所示。

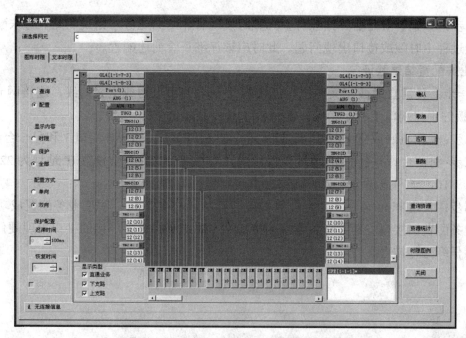

图 4-45　网元 C 以太网【业务配置】结果

5. 检查业务配置是否正确

业务配置完成后，可对于已配置的业务进行检查。

第一步：选中全部网元 A、B、C，单击【报表】、【全网业务报表】，弹出【全网业务报表】对话框。查看【终结业务】标签，显示 1 条无告警业务。选中业务，即可在【业务路由拓扑图】中显示该业务的配置路径，如图 4-46 所示。图中显示 A 站通过 B 站穿通到 C 站的以太网业务。

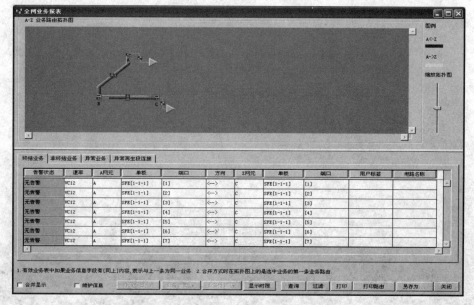

图 4-46　查看配置结果——A 站到 C 站业务

第二步：如果查看【非终结业务】标签时发现有非终结业务，则说明此业务未配置完，或者配置过程中时隙或接口出现问题。此时应该仔细查看前述配置。

6. 业务配置结果验证

第一步：使用直通或交叉网线，连接网元 A，使用直通或交叉网线，连接网元 A 的 EIFE×4 板的用户端口 1 和计算机。

第二步：使用直通或交叉网线，连接网元 C 的 EIFE×4 板的用户端口 1 和另一台计算机。

第三步：将两台计算机的 IP 地址设置在同一个网段中。如：分别设置 IP 地址为 220.30.1.9 和 220.30.1.10，子网掩码均为 255.255.255.0。

第四步：使用 ping 命令，两台计算机应该可以 ping 通对方。说明业务配置成功。否则说明此业务配置的接口与真实设备连接的接口不一致或真实设备连接的接口出现硬件故障。此时应该仔细进行排查。

任务 5

配置传输网保护

5.1 知识准备：保护原理

5.1.1 概述

随着科技的发展，人们的生活和工作对通信的依赖越来越大。据统计，通信中断 1 小时可使保险公司损失 2 万美元，使航空公司损失 250 万美元，使投资银行损失 600 万美元；通信中断 2 天足以让银行倒闭。所以通信网络的生存性已成为现代网络规划设计和运行的关键性因素之一。铁路通信是铁路运输的中枢神经，直接关系到铁路行车调度、客票、防灾、办公自动化等系统的安全运转，一旦中断，将打乱运输秩序，造成运输效率低下，严重威胁运输安全。

1. 自愈的概念

自愈指当网络发生故障时，无须人工干预，即可在极短的时间内从失效故障中自动恢复所携带的业务，使用户感觉不到网络已出过故障。自愈保护就是为受保护业务建立一条保护路由，当工作路由出现故障时，动态切换到保护路由，重新建立业务连接关系，保证业务的接续性，起到自愈保护的作用。

如图 5-1 所示，正常工作状态，网元 A 到网元 B 的业务（用小实心圆表示）走工作路由。当工作路由出现故障（链路断或设备故障）时，业务动态切换到保护路由。

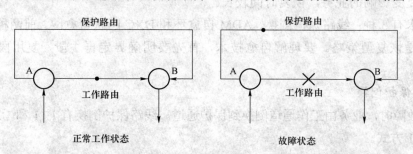

图 5-1　自愈保护原理示意图

业务中断时间的两个重要门限值：

（1）50 ms：中断时间小于 50 ms，可以满足绝大多数业务质量要求；可认为其对多数电路交换网的话带业务和中低速数据业务是透明的。

（2）2 s：中断时间小于 2 s，可保证中继传输和信令网的稳定性，电话、数据、图像等多数用户可忍受，作为网络恢复的目标值（连接丢失门限 CDT）。

2. 光传输系统的保护分类

如图 5-2 所示，光传输系统的保护可分为：网络级业务保护和设备级单元保护。网络级业务保护可分为路径保护和子网连接保护两大类。路径保护包括链形网络的复用段保护、环形网络的复用段保护和环形网的通道保护等。子网连接保护是一种专用的保护机理，可用于任何网络结构。

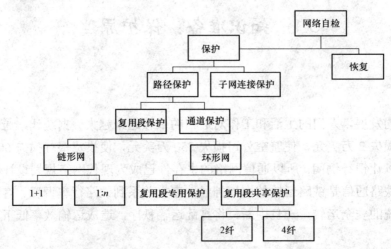

图 5-2　光传输系统的保护分类

3. 自愈技术

自愈技术可分为"保护"型和"恢复"型两类。保护型自愈要求在节点之间预先提供固定数量的用于保护的容量配置，以构成备用路由。当工作路由失效时，业务将从工作路由迅速倒换到备用路由。保护倒换的时间很短（小于 50 ms）。恢复型自愈所需的备用容量较小，网络中并不预先建立备用路由。当发生故障时，利用网络中仍能正常运转的空闲信道建立迂回路由，恢复受影响的业务，恢复时间较长。

自愈技术有 3 种：线路保护倒换、ADM 自愈环和 DXC 网状自愈网。前两种是保护型策略，后一种是恢复型策略。要理解自愈技术，首先要明确界定再生段、复用段和通道，如图 5-3 所示。

1）线路保护倒换

当出现故障时，业务由工作通道倒换到保护通道。线路保护倒换有 1+1 和 1:N 两种方式。

（1）1+1 方式。

如图 5-4（a）所示，1+1 方式采用并发优收（双发选收）。

（2）1:N 方式。

如图 5-4（b）所示，保护段（1 个）由 N（N=1, 2, …, 14）个工作段共用，当其中任意一个出现故障时，均可倒换至保护段。

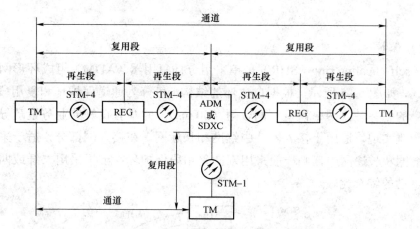

图 5-3 再生段、复用段、通道示意图

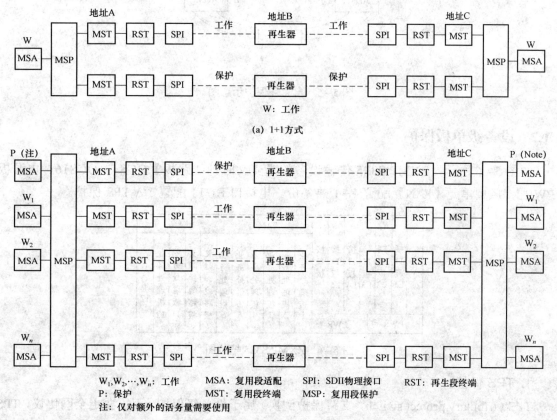

W₁,W₂,…,Wₙ: 工作   MSA: 复用段适配   SPI: SDII物理接口   RST: 再生段终端
P: 保护   MST: 复用段终端   MSP: 复用段保护
注: 仅对额外的话务量需要使用

(b) 1:N方式

图 5-4 两种线路保护倒换类型示意图

（3）1+1 方式与 1:N 方式的不同。

1+1 方式，正常情况下保护段传送业务信号，所以不能提供无保护的额外业务。

1:N 方式，在正常情况下，保护段不传业务信号，因而可以在保护段传送一些级别较低的额外业务信号，也可不传。

线路保护倒换的特点：业务恢复时间短（小于 50 ms），易配置和管理，可靠性高，但成本较高。

2）自愈环保护

自愈环（self-healing ring，SHR）是指采用分插复用器（ADM）组成环形网实现自愈的一种保护方式，如图5-5所示。根据自愈环的结构，可分为通道保护环和复用段保护环。自愈环具有很高的生存性，网络恢复时间较短（50 ms），并具有良好的业务量疏导能力，但它的网络规划较难实现，适用于接入网、中继网和长途网。在接入网部分，适于采用通道保护环；而在中继网和长途网中，则一般采用双向复用段保护环；至于采用二纤或四纤方式取决于容量和经济性的综合比较。

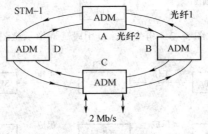

图5-5　自愈环保护示意图

5.1.2　设备级单板保护

如图5-6所示，ZXMP S325传输设备的【交叉时钟线路板】OCS4、OCS16、电源板【PWR】、风扇单元【FAN】配置1+1热备份。电接口E1/T1配置1:N TPS保护。

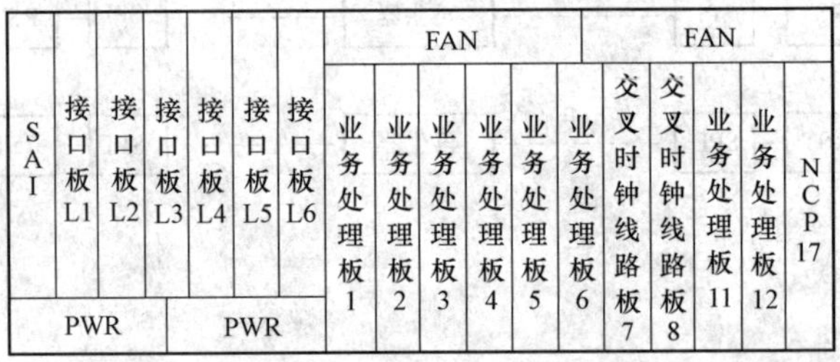

SAI	接口板 L1	接口板 L2	接口板 L3	接口板 L4	接口板 L5	接口板 L6	FAN					FAN		
							业务处理板 1	业务处理板 2	业务处理板 3	业务处理板 4	业务处理板 5	业务处理板 6	交叉时钟线路板 7	交叉时钟线路板 8	业务处理板 11	业务处理板 12	NCP 17
	PWR			PWR										

图5-6　ZXMP S325槽位图

1. TPS保护

TPS（tributary protect switch，支路保护倒换）属于设备级保护，不需要走全网协议，TPS协议走设备内部总线就可以达到倒换目的。通信设备在运行时，其处理业务的支路板有可能损坏，TPS则是针对这种情况的一种有效保护方式，最常见的是1:N的保护，就是对于设备有N块业务处理板运行业务的同时，另在保护板槽位配置一块相同的业务处理板用作其他工作业务处理板的保护。任意一块工作板出现故障，其业务倒换到保护板上运行，工作板修复后业务再重新倒换到工作板。保护业务处理板和工作业务处理板属性相同，只是后面的接口板不同。被保护板所对应的是本身专用的出线板，而用于保护的单板后面加TPS保护倒换板，使其能倒换到任意一块被保护板的专用出线板。

2. OL1/4 分系统配置 TPS 保护

如图 5-7 所示，OL1/4 分系统可配置一组 STM-1 电业务的 1:3 单板保护功能（即槽位 1 的 LP1×1 板为保护板，槽位 2、3 和 4 的 LP1×1 板为工作板），以及实现 STM-1/STM-4 光业务处理功能。

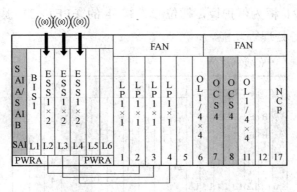

图 5-7　OL1/4 分系统功能配置图

当采用 LP1×1 单板配置一个 1:3 的 TPS 保护时，将保护板配置在 1 号槽位，2、3、4 号槽位配置处理板，每一个处理板对应一个接口板 ESS1×2（如 2 号槽位上的 LP1×1 业务处理板对应 L2 号槽位上的 ESS1×2 接口板），保护板位对应一个桥接板 BIS1。

正常工作状态，（输入）L2 号槽位上的 ESS1×2 接口板接收外部输入的电信号，将处理后的信号经过背板送往 2 号槽位上的 LP1×1 业务板处理。（输出）L2 号槽位上的 ESS1×2 接口板接收经背板送入的业务板信号，将信号输出到外部设备。

当交叉板检测到 2 号槽位的 LP1×1 处理板出现故障，交叉板硬件立即产生中断。操作 TPS 控制寄存器，L2 号槽位上的 ESS1×2 接口板将接入业务转送给 L1 号槽位上的桥接板 BIS1，同时关断送给自己的处理板业务。桥接板 BIS1 将处理后的信号经过背板送往 2 号槽位上的 LP1×1 业务板处理。桥接板 BIS1 接收经背板送入的业务板信号，将信号转送给 L2 号槽位上的 ESS1×2 接口板，接口板将信号输出到外部设备，如图 5-8 所示。

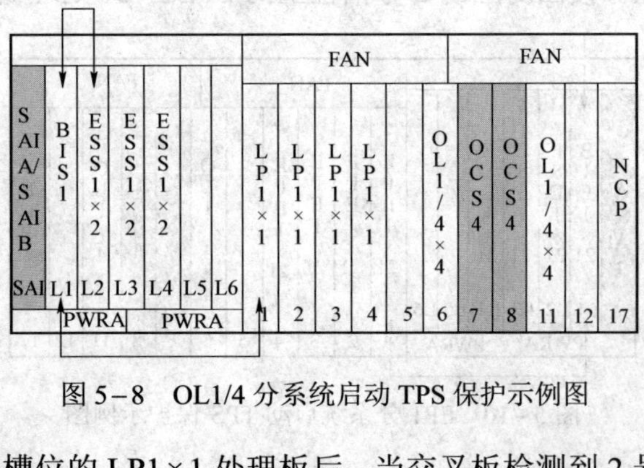

图 5-8　OL1/4 分系统启动 TPS 保护示例图

工作人员更换 2 号槽位的 LP1×1 处理板后，当交叉板检测到 2 号槽位的 LP1×1 处理板恢复正常，将 TPS 由保护态进入到恢复等待状态。等待一段时间后，交叉板将 L2 号槽位的

ESS1×2 接口板转接到保护板 BIS1 的业务接回对应的 2 号槽位上的 LP1×1 处理板，业务得到恢复。

3. EP1 分系统配置 TPS 保护

EP1 分系统功能配置如图 5-9 所示。该配置可实现一组 E1 电业务的 1:3 单板保护功能（即槽位 1 的 EPE1×21 板为保护板，槽位 2、3、4 的 EPE1×21 板为工作板），以及实现 STM-1/STM-4 光业务处理等功能。

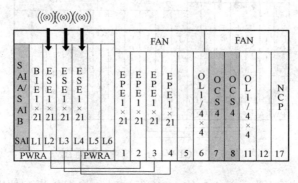

图 5-9　EP1 分系统功能配置图

当采用 EPE1×21 单板配置一个 1:3 的 TPS 保护时，将保护板配置在 1 号槽位，2、3、4 号槽位配置处理板，每一个处理板对应一个接口板 ESE1×21（如 2 号槽位上的 EPE1×21 业务处理板对应 L2 号槽位上的 ESE1×21 接口板），保护板位对应一个桥接板 BIE1×21。

正常工作状态，ESE1×21 接口板和 EPE1×21 业务板的信号传输关系如图 5-9 所示，工作原理与 OL1/4 分系统相同。

如图 5-10 所示，当 2 号槽位的 EPE1×21 处理板出现故障，L2 号槽位上的 ESE1×21 接口板将接入业务转送给 L1 号槽位上的桥接板 BIE1×21，桥接板 BIE1×21 将处理后的信号经过背板送往 2 号槽位上的 EPE1×21 业务板处理。2 号槽位的 EPE1×21 处理板恢复正常时，将 TPS 由保护态进入到恢复等待状态。等待一段时间后，L2 号槽位的 ESE1×21 接口板转接到保护板 BIE1×21 的业务接回对应的 2 号槽位上的 EPE1×21 处理板，业务得到恢复。

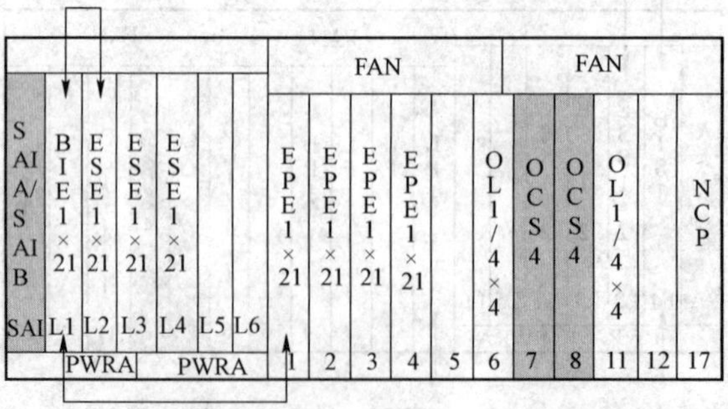

图 5-10　EP1 分系统启动 TPS 保护示例图

4. EP3 分系统配置 TPS 保护

EP3 分系统功能配置如图 5-11 所示。该配置可实现一组 E3 电业务的 1:3 单板保护功能

（即槽位 1 的 EP3×3 板为保护板，槽位 2、3、4 的 EP3×3 板为工作板），以及实现 STM-1/STM-4 光业务处理等功能。实现过程和 EP1 分系统一样。

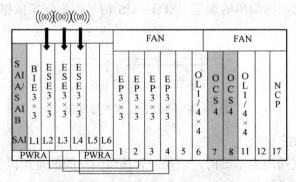

图 5-11　EP3 分系统功能配置图

当采用 EP3×3 单板配置一个 1:3 的 TPS 保护时，将保护板配置在 1 号槽位，2、3、4 号槽位配置处理板，每一个处理板对应一个接口板 ESE3×3（如 2 号槽位上的 EP3×3 业务处理板对应 L2 号槽位上的 ESE3×3 接口板），保护板位对应一个桥接板 BIE3×3。

5. EOS 分系统配置 TPS 保护

EOS 分系统功能配置示例如图 5-12 所示。该配置可实现一组以太网电业务的 1:3 单板保护功能（即槽位 1 的 SFE×6 板为保护板，槽位 2、3、4 的 SFE×6 板为工作板），以及实现 100 M 以太网光业务处理等功能。实现过程和 EP1 分系统一样。

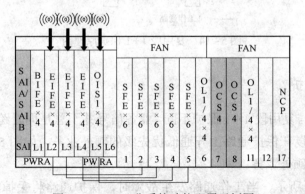

图 5-12　EOS 分系统功能配置示例图

当采用 SFE×6 单板配置一个 1:3 的 TPS 保护时，将保护板配置在 1 号槽位，2、3、4 号槽位配置处理板，每一个处理板对应一个接口板 EIFE×4（如 2 号槽位上的 SFE×6 业务处理板对应 L2 号槽位上的 EIFE×4 接口板），保护板位对应一个桥接板 BIFE×4。

5.1.3　链形网络保护

1. 通道 1+1 保护

通道 1+1 保护是以通道为基础的，倒换与否按分出的每一通道信号质量的优劣而定。通道 1+1 保护使用并发优收原则。插入时，通道业务信号同时馈入工作通路和保护通路；分出时，同时收到工作通路和保护通路两个通道信号，按其信号的优劣来选择一路作为分路信号。如图 5-13 所示。通常利用简单的通道 PATH-AIS 信号作为倒换依据，而不需 APS 协议，倒换时间不超过 10 ms。

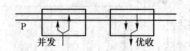

图 5-13　通道 1+1 保护原理图

2. 复用段 1+1 保护

复用段保护是以复用段为基础的，倒换与否按每两站间的复用段信号质量的优劣而定。当复用段出故障时，整个站间的业务信号都转到保护通路，从而达到保护的目的。

如图 5-14 所示，实线为工作通路，虚线为保护通路。业务信号发送时同时跨接在工作通路和保护通路。正常时工作通路接收业务信号，当系统检测到 LOS、LOF、MS-AIS 以及误码率＞0.1%告警时，则切换到保护通路接收业务信号。采用自动保护倒换（APS）协议来实现复用段 1+1 保护。

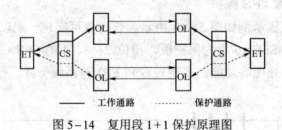

图 5-14　复用段 1+1 保护原理图

3. 复用段 1:1 保护

复用段 1:1 保护与复用段 1+1 保护不同，业务信号并不总是同时跨接在工作通路和保护通路上的，所以还可以在保护通路上开通低优先级的额外业务。如图 5-15（a）所示。实线为主用业务，虚线为额外业务。

如图 5-15（b）所示，当工作通路发生故障时，保护通路将丢掉额外业务。根据 APS 协议，通过跨接和切换的操作，完成业务信号的保护。

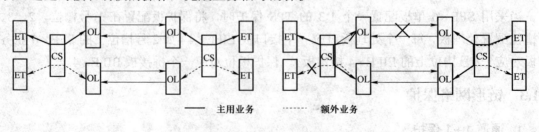

（a）　　　　　　　　　　　　　　　（b）

图 5-15　复用段 1:1 保护原理图

5.1.4　环形网络保护——自愈环

自愈环有二纤单向通道保护、二纤双向通道保护和四纤双向复用段保护等几种结构。

二纤或四纤描述的是相邻两个网元之间的光纤数目，例如：相邻两个网元之间存在用于收发的两根光纤，则为二纤；单/双向描述业务传递的流向或路径。业务在 A 与 C 之间传递：单向业务，如图 5-16（a）所示，传递路由不同（A→B→C、C→D→A）；双向业务，如图 5-16（b）所示，传递路由相同（A→B→C、C→B→A）。

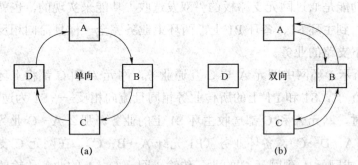

图 5-16　单/双向业务传递示意图

5.1.5　子网连接保护（SNCP）

子网连接保护 SNCP 是一种 1+1 方式采用单端倒换的保护，主要用于对跨子网业务进行保护，具有双发选收的特点，不走协议。这种保护基于子网，可应用于所有网络拓扑。

子网连接保护 SNCP 是通过在业务的接收端对业务发送端双发过来的两个业务源实行检测选收来实现保护的功能，因此双发选收是 SNCP 的特点，和通道保护相似。SNCP 和通道保护的区别，从具体实现上看，通道保护在收端选收业务时，由支路板完成选收判断的动作，而 SNCP 保护则是在交叉板上完成选收判断的动作。因此 SNCP 可以对线路上的业务进行保护，而通道保护只能保护下到本地的支路上的业务。

如图 5-17 所示。A 站点向工作子网和保护子网都发送业务，B 站点收到两个子网传送来的业务，选择质量好的接收。

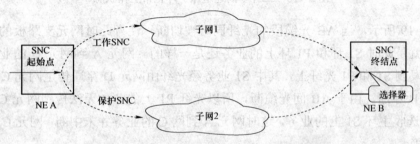

图 5-17　子网连接保护工作原理示意图

111

5.2 知识准备：二纤双向通道环保护原理

5.2.1 二纤单向通道保护环

二纤通道保护环由两根光纤组成两个环，其中一个为主环 S1（红色通道环），有时称为业务环；一个为备环 P1（蓝色通道环），有时称为保护环。两环的业务流向一定要相反，通道保护环的保护功能是通过网元支路板的"双发选收"功能来实现的，也就是支路板将支路上环业务"并发"到主环 S1、备环 P1 上，两环上业务完全一样且流向相反，平时网元支路板"选收"主环下支路的业务。

如图 5-18 所示，环网中网元 A 与 C 互通业务，网元 A 和 C 都将上环的支路业务"并发"到环 S1 和 P1 上，S1 和 P1 上的所传业务相同且流向相反——S1 为逆时针，P1 为顺时针。在网络正常时，网元 A 和 C 都选收主环 S1 上的业务。那么 A→C 业务传输的方式是主环业务（S1 光纤 A→D→C），备环业务（P1 光纤 A→B→C）。在网元 C 支路板"选收"主环 S1 上业务，完成网元 A 到网元 C 的业务传输。网元 C→A 的业务传输的方式是主环业务（S1 光纤 C→B→A），备环业务（P1 光纤 C→D→A）。在网元 A 支路板"选收"主环 S1 上业务。

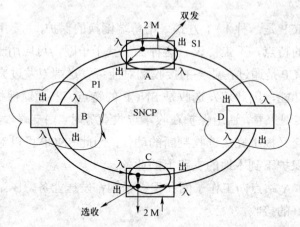

图 5-18 二纤单向通道保护环正常工作状态

如图 5-19 所示，当 AB 光缆段的光纤同时被切断，注意此时网元支路板的并发功能没有改变，也就是此时 S1 环和 P1 环上的业务还是一样的。网元 A 到网元 C 的业务由网元 A 的支路板并发到 S1 和 P1 光纤上，其中 S1 业务经光纤由网元 D 穿通传至网元 C，P1 光纤的业务经网元 B 穿通。由于 AB 间光缆断，所以光纤 P1 上的业务无法传到网元 C，不过由于网元 C 默认选收主环 S1 上的业务，这时网元 A 到网 C 的业务并未中断，网元 C 的支路板不进行保护倒换。

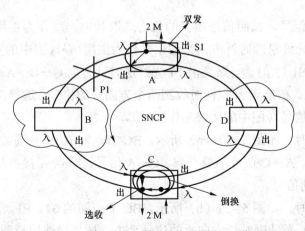

图 5-19　二纤单向通道保护环断纤倒换状态

网元 C 的支路板将到网元 A 的业务并发到 S1 环和 P1 环上，其中 P1 环上的网元 C 到网元 A 业务经网元 B 穿通传到网元 A。S1 环上的网元 C 到网元 A 业务，由于 AB 间光纤断，所以无法传到网元 A。网元 A 默认是选收主环 S1 上的业务，此时由于 S1 环上的 C→A 的业务传不过来，这时网元 A 的支路板就会收到 S1 环上 TU-AIS 告警信号。网元 A 的支路板收到 S1 光纤上的 TU-AIS 告警后，立即切换到选收备环 P1 光纤上的网元 C 到网元 A 的业务，于是 C→A 的业务得以恢复，完成环上业务的通道保护，此时网元 A 的支路板处于通道保护倒换状态——切换到选收备环方式。

5.2.2　二纤双向通道保护环

二纤双向通道保护环的工作原理与二纤单向通道保护环类似，不同之处仅仅是业务信号的传输方向由单向改为双向。环网由两根光纤组成，两根光纤都用来传送业务信号。如图 5-20 所示，外环顺时针方向 S1，内环逆时针方向 P1。

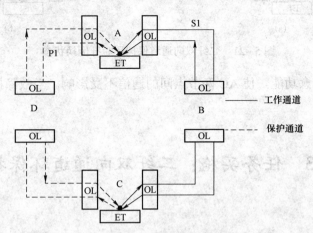

图 5-20　二纤双向通道保护环正常工作状态

正常情况下，A→C 信号，同时馈入光纤 S1 与 P1，即所谓双发（1+1）。一路是沿 S1 光纤顺时针方向 A→B→C；另一路是沿 P1 光纤逆时针方向 A→D→C。因此，在 C 节点同时收到两个方向来的信号，按照信号质量的优劣选取其中一路作为主用信号（选收）。在正常情况下，选择沿 S1 光纤沿顺时针方向来的信号作为主用信号（图中的实线工作通道）。C→A 信号，同时馈入光纤 S1 与 P1。一路是沿 P1 光纤逆时针方向 C→B→A；另一路是沿 S1 光纤顺时针方向 C→D→A。在节点 A 也同时收到两个方向来的信号，选择沿 P1 光纤逆时针方向送来的信号作为主用信号（图中的实线工作通道）。

当发生单纤故障时，如图 5-21（a）所示，BC 节点间的 P1 光缆被切断，则接收端的接收开关将会发生倒换。A→C 信号不受影响。C→A 信号，节点 A 接收从 P1 光纤沿顺时针方向 C→D→A 传送来的信号。

当发生双纤故障时，如图 5-21（b）所示，BC 节点间的 S1、P1 光缆都被切断，在节点 C，因从节点 A 沿 S1 光纤顺时针方向来的信号丢失，按择优选用原则，接收倒换开关将由 S1 光纤转向 P1 光纤，接收从 P1 光纤沿逆时针方向来的信号作为主用（路径：A→D→C），即所谓末端倒换。同样道理，在节点 A 接收的信号是从 S1 光纤沿顺时针方向送来的信号作为主用（路径：C→D→A）。

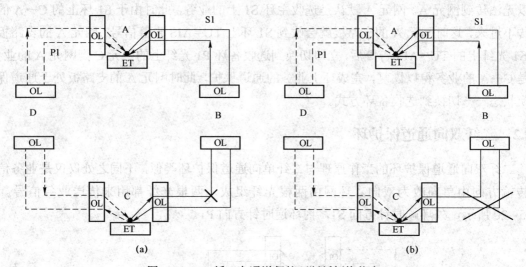

图 5-21　二纤双向通道保护环断纤倒换状态

这样就完成了自愈功能，使 AC 两节点间的通信不受影响。当故障排除，开关仍返回到原位置。

5.3　任务实施：二纤双向通道环保护

5.3.1　业务描述

中兴通讯为广铁集团公司构建了如图 5-22 所示的光传输网络，其中 A、B、C 站构成二纤环形光传输网，速率为 STM-4。

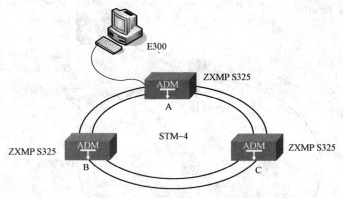

图 5-22　光传输网络示意图

业务要求如下：

采用中兴通讯 ZXMP S325 设备，传输速率为 622.080 Mb/s；

A 站与 B 站需要传输 180 路电话；

基于传输网络的生存性，要求在 A、B 间增加双向的通道保护环。

5.3.2　任务分析

1. 各站点业务分析

A 站上下的业务：对 B 站电话 180 路，采用 64 kb/s 的 PCM 编码（计算 180×64 kb/s = 11 520 kb/s，11 520/2 048 = 5.625），需要 6×2 M 接口。

A 站到 B 站的工作通道为 A→B，保护通道为 A→C→B。

B 站上下的业务：电话 180 路，需要 6×2 M 接口。从 A 站到 C 站的穿通业务，需要 6×2 M 接口。

C 站上下的业务：从 A 站到 B 站的穿通业务，需要 6×2 M 接口。

A、B、C 站构成一个环网，每个站至少有 2 个光方向，所以网元类型均为 ADM。

2. 各站设备及单板的选择

3 个站均选用 ZXMP S325 设备。站点配置明细如表 5-1 所示。

表 5-1　站点配置明细表

站点	A	B	C
单板类型	单板数量		
网元控制板（NCP）	1（17#）	1（17#）	1（17#）
公务板（OW）	1（18#）	1（18#）	1（18#）
交叉时钟线路板（OCS4）	2（7#、8#）	2（7#、8#）	2（7#、8#）
2 M 电支路板（EPE1×21）	1（2#）	1（2#）	

按照上述的业务需求规划，画出拓扑图，如图 5-23 所示。

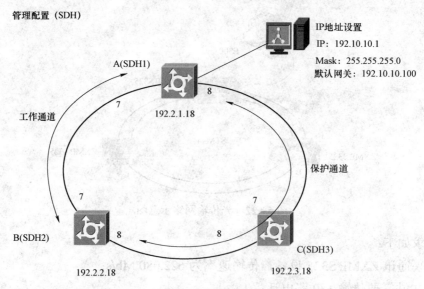

图 5-23 二纤双向通道环保护配置拓扑图

5.3.3 任务实施

1. 创建网元并配置单板

打开 E300 网管软件，按照表 3-27 中的配置数据。创建三个网元 A、B、C。根据表 5-1 的数据配置单板。配置结果如图 5-24 所示。

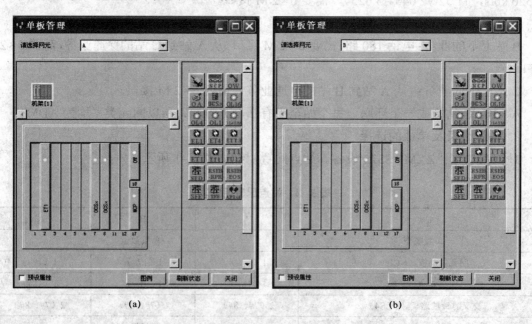

图 5-24 网元 A 和网元 B 单板配置结果

2. 纤缆连接

按照表 3-28 中的网元连接关系，完成纤缆连接。

3. 配置工作通道

根据表 5-2 中业务配置要求，配置网元 A 时隙（6×2 M 业务）。配置结果如图 5-25 所示。

表 5-2　网元 A 的时隙配置表

支路板		光　板				
支路板	2 M（VC-12）	光板	端口→AUG→AU4	TUG3	TUG2	TU12
2#ET1	1～6	7# OL4	1	1	1～2	1～6

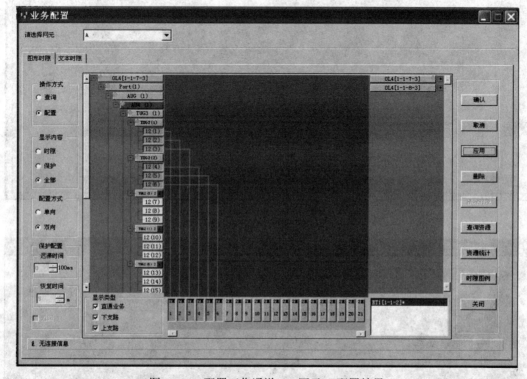

图 5-25　配置工作通道——网元 A 配置结果

根据表 5-3 中业务配置要求，配置网元 B 时隙（6×2 M 业务）。配置结果如图 5-26 所示。

表 5-3　网元 B 的时隙配置表

支路板		光　板				
支路板	2 M（VC-12）	光板	端口→AUG→AU4	TUG3	TUG2	TU12
2#ET1	1～6	7# OL4	1	1	1～2	1～6

4. 工作通道业务配置结果

打开【全网业务报表】对话框。查看【终结业务】标签，显示 1 条无告警业务。选中该业务，即在【业务路由拓扑图】中显示该业务的配置路径，如图 5-27 所示。图中显示工作通道配置结果——网元 A↔B（6×2 M 业务）。

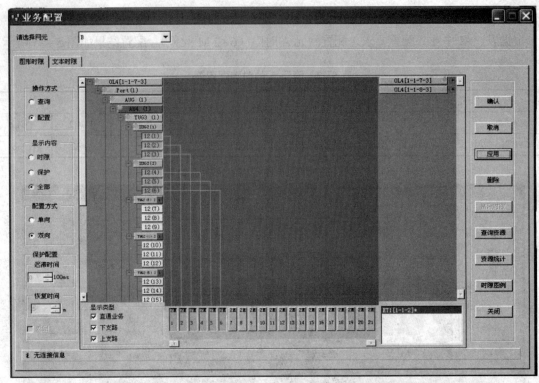

图 5-26　配置工作通道——网元 B 配置结果

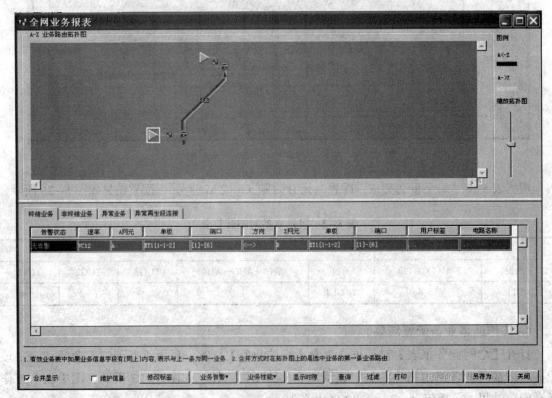

图 5-27　查看工作通道业务配置结果

5. 配置保护通道

根据表 5-4 中业务配置要求，配置网元 A 时隙（6×2 M 业务）。配置结果如图 5-28 所示。

表 5-4　网元 A 的时隙配置表

支路板		光　板				
支路板	2 M（VC-12）	光板	端口→AUG→AU4	TUG3	TUG2	TU12
2#ET1	1～6	8# OL4	1	1	1～2	1～6

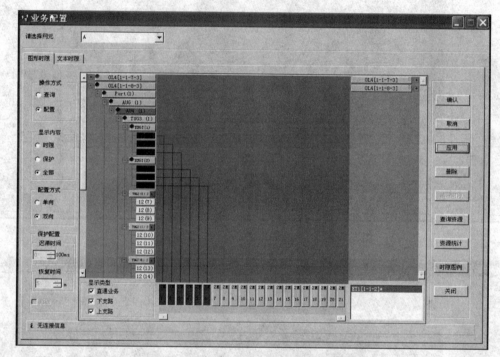

图 5-28　配置保护通道——网元 A 配置结果

根据表 5-5 中业务配置要求，配置网元 C 时隙（6 条穿通业务）。配置结果如图 5-29 所示。

表 5-5　网元 C 的时隙配置表

光　板					光　板				
光板	端口→AUG→AU4	TUG3	TUG2	TU12	光板	端口→AUG→AU4	TUG3	TUG2	TU12
7# OL4	1	1	1～2	1～6	8# OL4	1	1	1～2	1～6

根据表 5-6 中业务配置要求，配置网元 B 时隙（6×2 M 业务）。配置结果如图 5-30 所示。

表 5-6　网元 B 的时隙配置表

支路板		光　板				
支路板	2 M（VC-12）	光板	端口→AUG→AU4	TUG3	TUG2	TU12
2#ET1	1～6	8# OL4	1	1	1～2	1～6

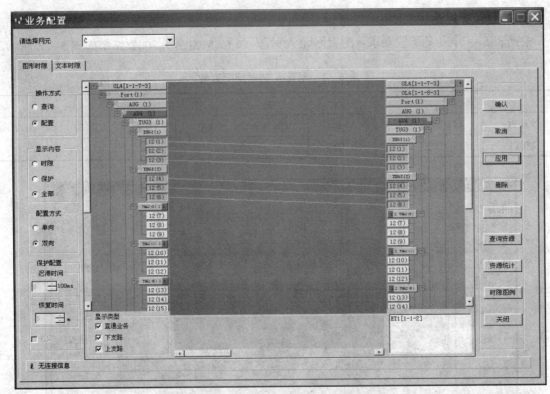

图 5-29　配置保护通道——网元 C 配置结果

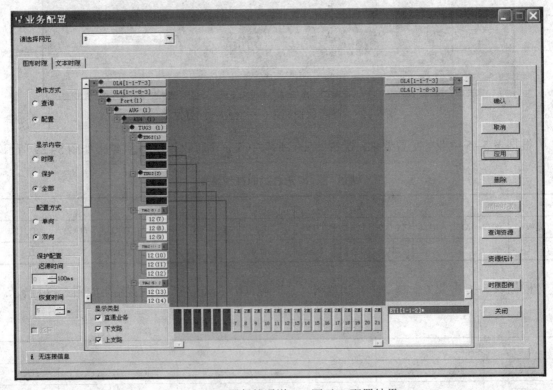

图 5-30　配置保护通道——网元 B 配置结果

6. 保护通道配置结果

查看【全网业务报表】对话框，在【业务路由拓扑图】中显示该业务的配置路径，如图 5–31 所示。图中显示保护通道配置结果——网元 A↔C↔B（图中显示保护成环）。

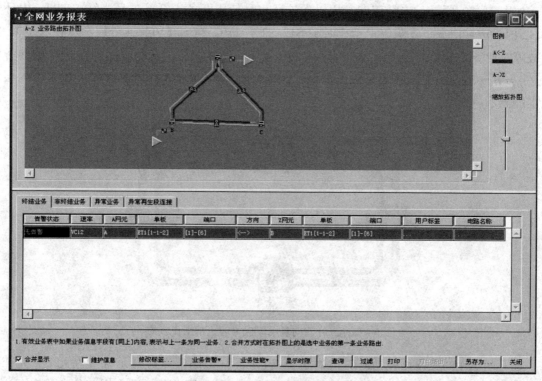

图 5–31　查看保护通道业务配置结果

5.4　知识准备：二纤双向复用段保护原理

二纤双向复用段保护环也是使用两条光纤，即 S1/P2、S2/P1。剖面图如图 5–32 所示。每根光纤的前半个时隙（例如 STM–16 系统为 1#～8#STM–1）传送主用业务，后半个时

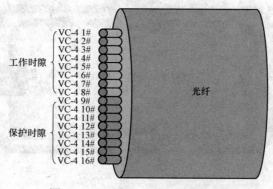

图 5–32　STM–16 的光纤剖面图

隙（例如 STM－16 系统的 9#～16#STM－1）传送额外业务，也就是说一根光纤的保护时隙用来保护另一根光纤上的主用业务。因此在二纤双向复用段保护环上无专门的主、备用光纤，每一条光纤的前半个时隙是主用信道，后半个时隙是备用信道，两根光纤上业务流向相反。

如图 5－33 所示，二纤双向复用段保护环也是使用两条光纤，外环光纤 S1/P2、内环光纤 S2/P1。正常情况下，业务走工作时隙 S1、S2（#1VC－4～#8VC－4 外层深灰色表示），发生故障时业务走保护时隙 P1、P2（#9VC－4～#16VC－4 内层浅灰色表示）。A→C 的业务走 S1（A→B→C），图中用外层深色虚线表示。C→A 的业务走 S2（C→B→A），图中用内层浅色虚线表示。

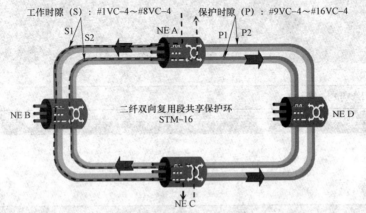

图 5－33　二纤双向复用段保护环正常工作状态

在环网 AB 间光缆段被切断时，如图 5－34 所示，故障端点有网元 A 和网元 B。先在网元 A 进行保护倒换（故障端点处），网元 A 到网元 C 的主用业务（图中用深色虚线表示）从 S1 倒换到 S2，沿 S2（内环）光纤传送到网元 B（A→D→C→B），在网元 B 处进行桥接倒换（故障端点处），即将 S2/P1 光纤上 S2 时隙的业务全部倒换到 S1/P2 光纤上的 P2 时隙上去，此时 S1/P2 光纤 P2 时隙上的额外业务被中断。然后沿 P2 光纤传到网元 C，网元 C 提取该时隙的业务，完成接收网元 A 到网元 C 的主用业务。

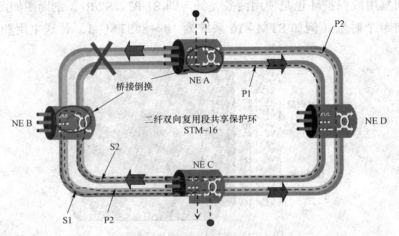

图 5－34　二纤双向复用段保护环断纤倒换状态

网元 C 到网元 A 的业务（图中用浅色虚线表示）先由网元 C 沿着 S2 传送到网元 B，在网元 B 处进行桥接倒换（故障端点处），桥接倒换到 S1/P2 光纤的 P2 时隙上。然后沿 P2 传送到网元 A（B→C→D→A），在网元 A 进行保护倒换（故障端点处），即将 S1/P2 光纤的 P2 时隙业务倒换到 S2/P1 光纤的 S2 时隙上去。网元 A 提取该时隙的业务，完成接收网元 C 到网元 A 的主用业务。

网元 A 与网元 B 间光纤恢复并等待 10 min 后业务信号流恢复成图 5–33 所示的正常工作状态。

5.5　任务实施：二纤双向复用段保护

5.5.1　业务描述

中兴通讯为广铁集团公司构建了如图 5–35 所示的光传输网络，其中站 A、B、C 构成二纤环形光传输网，速率为 STM–4。

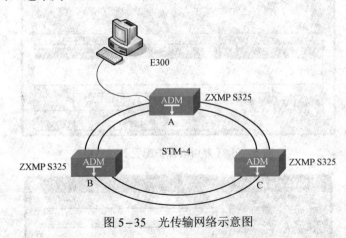

图 5–35　光传输网络示意图

业务要求如下：

采用中兴通讯 ZXMP S325 设备，传输速率为 622.080 Mb/s。

基于传输网络的生存性，要求在各站点间配置二纤双向复用段保护。

5.5.2　任务分析

对网元 A、B、C 组成的环网配置二纤双向复用段保护。按照上述的业务需求规划，画出拓扑图，如图 3–52 所示。

5.5.3　任务实施

1. 创建网元并配置单板

打开 E300 网管软件，按照表 3–27 中的配置数据。创建三个网元 A、B、C。

2. 纤缆连接

按照表 3-28 中的网元连接关系，完成纤缆连接。

3. 配置复用段保护

1）第一步：配置复用段保护组

同时选中网元 A、B、C，单击菜单项【设备管理】→【公共管理】→【复用段保护配置】，弹出【复用段保护配置】对话框，如图 5-36 所示。单击【新建】按钮，弹出【复用段保护组配置】对话框，如图 5-37 所示。【保护组名称】默认为【1】。【复用段保护类型】选中【SDH 环型复用段二纤双向共享（不带额外业务）】，单击【确定】按钮，创建二纤双向复用段保护组。

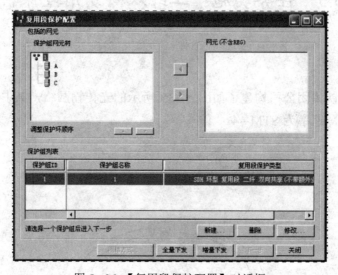

图 5-36 【复用段保护配置】对话框

图 5-37 【复用段保护组配置】对话框

在【复用段保护配置】对话框左上部的【保护组网元树】中选中保护组【1】，在右上部【网元（不含 REG）】选择框中，依次选中网元 A、B、C，再单击【◄】按钮，将其放到【保护组网元树】中，如图 5-36 所示。选中【保护组列表】中的保护组【1】，单击【全量下发】按钮，再单击【下一步】按钮，弹出如图 5-38 所示的【APS Id 配置】对话框。选择默认系统设置，单击【下一步】按钮。

2）第二步：配置各网元复用段保护关系

在如图 5-39 所示的【复用段保护】关系配置对话框中，依次对网元 A、B、C 进行保护关系的配置。

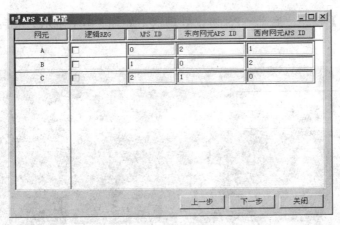

图 5-38　【APS Id 配置】对话框

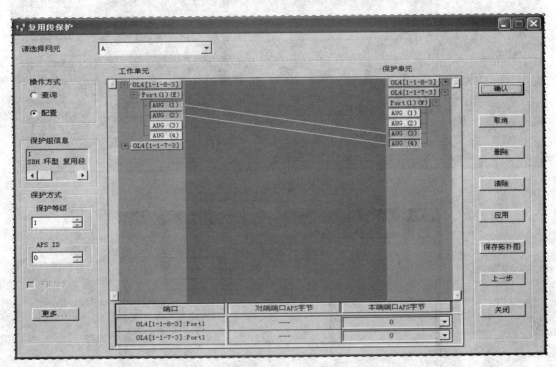

图 5-39　配置网元 A【复用段保护】

以配置网元 A 为例，单击【配置】按钮。将【工作单元】【OL4［1-1-8-3］】的前半时隙【AUG（1）】、【AUG（2）】与【保护单元】【OL4［1-1-7-3］】的后半时隙【AUG（3）】、【AUG（4）】配置转换连接。

单击【应用】按钮。弹出如图 5-40 所示的【信息】对话框。单击【确定】按钮。网元 B 和 C 保护关系配置和网元 A 一样。最后单击【保存拓扑图】按钮。

3）第三步：启动 APS 协议

选中网元 A、B、C，单击【维护】→【诊断】→【APS 操作】菜单项，弹出【复用段保护组 APS 操作】对话框，依次将网元 A、B、C 的【启动操作】选项设置成【启动】，或者单击【全部启动】按钮，启动 APS 协议处理器，如图 5-41 所示。最后单击【应用】按钮下发配置。

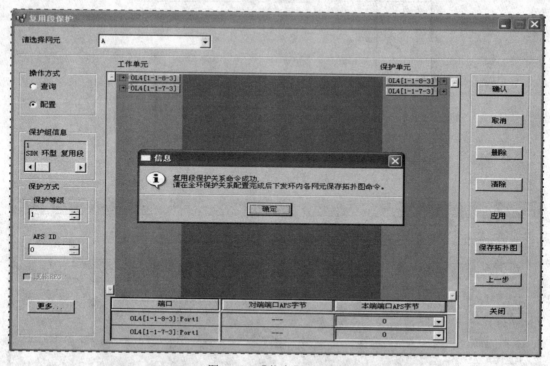

图 5-40 【信息】对话框

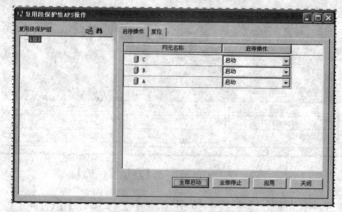

图 5-41 【复用段保护组 APS 操作】对话框

5.6 知识准备：四纤双向复用段保护原理

如图 5-42 所示，四纤环由 4 根光纤组成，这 4 根光纤分别为 S1、S2、P1、P2，其中 S1 和 S2 为主纤，传送主用业务；P1 和 P2 为备纤，传送备用业务。也就是说 P1、P2 光纤分别用来在主纤故障时保护 S1、S2 上的主用业务。注意 S1、P1、S2、P2 光纤的业务流向。

S1 与 S2 光纤业务流向相反（一致路由，双向环），S1 业务流向是顺时针，S2 业务流向是逆时针。P1 和 P2 光纤上业务流向也相反。P1 业务流向是顺时针，P2 业务流向是逆时针。

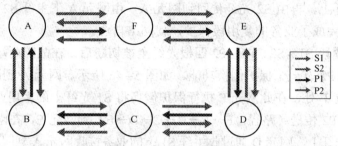

图 5-42 四纤双向复用段保护环

如图 5-43 所示，正常情况下，网元 A 到网元 D 的主用业务沿 S1 光纤（A→F→E→D）到网元 D。网元 D 到网元 A 的主用业务沿 S2 光纤（D→E→F→A）到网元 A。图中用细长箭头线表示。网元 A 与网元 D 的额外业务分别通过 P1 和 P2 光纤传送。网元 A 和网元 D 通过收主纤上的业务互通两网元之间的主用业务，通过收备纤上的业务互通两网元之间的备用业务。

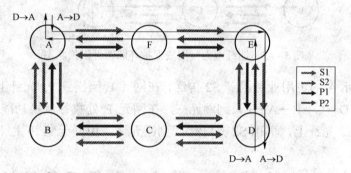

图 5-43 四纤双向复用段保护环正常工作状态

当 E、F 间光缆段 S1、S2 光纤均被切断后，在故障两端的网元 E、F 的光纤 S1 和 P1 上，S2 和 P2 有一个保护倒换功能，如图 5-44 所示。网元 A 到网元 D 的主用业务沿 S1 光纤传到网元 F 处，在此网元 F 执行保护倒换将 S1 光纤上的主用业务倒换到 P1 光纤上传输，P1 光纤上的额外业务被中断，业务传送到网元 E，在网元 E 处 P1 光纤上的业务倒换到 S1 光纤上，网元 D 通过收主纤 S1 上的业务接收网元 A 到网元 D 的主用业务。

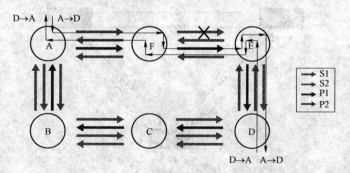

图 5-44 四纤双向复用段保护环断二纤倒换状态

127

网元 D 到网元 A 的主用业务沿着 S2 传送，在网元 E 倒换到 P2 光纤上（P2 光纤上的额外业务被中断），然后沿 P2 光纤到网元 F，在网元 F 处执行倒换功能，将 P2 光纤上的主用业务倒换到 S2 光纤上，再由 S2 光纤传回到网元 A，由网元 A 下主纤 S2 上的业务。通过这种环回、穿通方式完成了业务的复用段保护，使网络自愈。

当 E、F 间光缆段 S1、S2、P1、P2 四根光纤全被切断后，在故障两端的网元 E、F 的光纤 S1 和 P1、S2 和 P2 有一个保护倒换功能，如图 5-45 所示。网元 A 到网元 D 的主用业务沿 S1 光纤传到网元 F 处，在此网元 F 执行保护倒换将 S1 光纤上的主用业务倒换到 P2 光纤上传输，业务沿着 P2 传送（路径：F→A→B→C→D→E）到网元 E，在网元 E 处 P2 光纤上的业务倒换到 S1 光纤上，网元 D 通过收主纤 S1 上的业务接收网元 A 到网元 D 的主用业务。

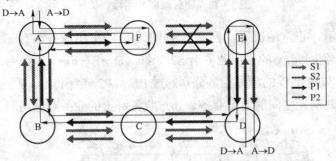

图 5-45 四纤双向复用段保护环断四纤倒换状态

网元 D 到网元 A 的主用业务沿着 S2 传送，在网元 E 倒换到 P1 光纤上，然后沿 P1 光纤传送（路径：E→D→C→B→A→F）到网元 F，在网元 F 处执行倒换功能，将 P1 光纤上的主用业务倒换到 S2 光纤上，再由 S2 光纤传回到网元 A，由网元 A 下主纤 S2 上的业务。

5.7　任务实施：四纤双向复用段保护

5.7.1　业务描述

中兴通讯为广铁集团公司构建了如图 5-46 所示的光传输网络，其中网元 A、B、C 构成四纤环形光传输网，速率为 STM-4。

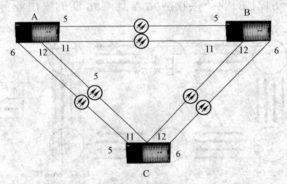

图 5-46 光传输网络示意图

业务要求如下：

采用中兴通讯 ZXMP S325 设备，传输速率为 622.080 Mb/s。

基于传输网络的生存性，要求在各站点间配置四纤双向复用段保护。

5.7.2　任务分析

对网元 A、B、C 组成的环网配置四纤双向复用段保护。

5.7.3　任务实施

1. 创建网元并配置单板

按照图 5-47 中的配置数据，创建三个网元 A、B、C。

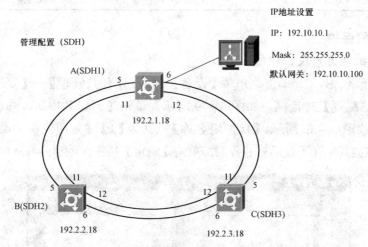

图 5-47　四纤双向通道环保护配置拓扑图

选中网元 A，右击，在弹出的快捷菜单中选择【打开网元】菜单项，弹出【单板管理】对话框，如图 5-48 所示。在 17 号槽位插入【NCP 板】；在 18 号槽位插入【OW 板】；在 5、6、11、

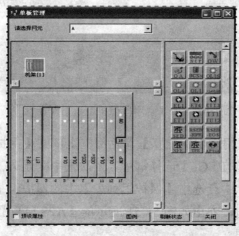

图 5-48　网元 A【单板管理】对话框

12 号槽位插入【OCSx 板】。同理，在网元 B、C 的【单板管理】对话框，也进行同样的操作。

2. 纤缆连接

按照表 5-7 中的网元连接关系，完成纤缆连接。

表 5-7　网元 A、B、C 连接关系

序号	始端	终端	连接类型	光纤类型
1	网元 A 5# OCS4 板端口 1	网元 B 5# OCS4 板端口 1	双向光连接	工作光纤
2	网元 A 11# OCS4 板端口 1	网元 B 11# OCS4 板端口 1	双向光连接	保护光纤
3	网元 B 6# OCS4 板端口 1	网元 C 6# OCS4 板端口 1	双向光连接	工作光纤
4	网元 B 12# OCS4 板端口 1	网元 C 12# OCS4 板端口 1	双向光连接	保护光纤
5	网元 C 5# OCS4 板端口 1	网元 A 6# OCS4 板端口 1	双向光连接	工作光纤
6	网元 C 11# OCS4 板端口 1	网元 A 12# OCS4 板端口 1	双向光连接	保护光纤

3. 配置复用段保护

1）第一步：配置复用段保护组

同时选中网元 A、B、C，单击菜单项【设备管理】→【公共管理】→【复用段保护配置】，弹出【复用段保护配置】对话框，如图 5-49 所示。单击【新建】按钮，弹出【复用段保护组配置】对话框，如图 5-50 所示。【保护组名称】默认为【1】。【复用段保护类型】选中【SDH 环型复用段四纤双向共享（不带额外业务）】，单击【确定】按钮，创建四纤双向复用段保护组。

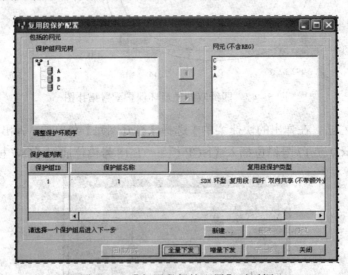

图 5-49　【复用段保护配置】对话框

在图 5-49 所示的【复用段保护配置】对话框左上部的【保护组网元树】中选中保护组【1】，在右上部【网元（不含 REG）】选择框中，依次选中网元 A、B、C，再单击【◄】按钮，将其放到【保护组网元树】中。选中【保护组列表】中的保护组【1】，单击【全量下发】按钮。再单击【下一步】按钮，弹出如图 5-51 所示的【APS Id 配置】对话框。选择默认系统设置。单击【下一步】按钮。

图 5-50　【复用段保护组配置】对话框

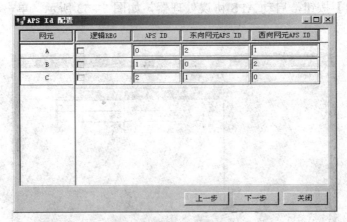

图 5-51　【APS Id 配置】对话框

2）第二步：配置各网元复用段保护关系

在如图 5-52 所示的【复用段保护】关系配置对话框中，依次对网元 A、B、C 进行保护关系的配置。

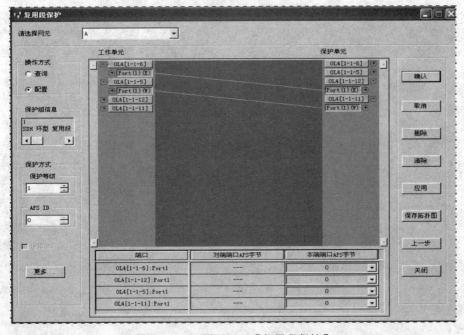

图 5-52　配置网元 A【复用段保护】

以配置网元 A 为例，单击【配置】按钮。将【工作单元】【OL4［1-1-6］】与【保护单元】【OL4［1-1-12］】配置转换连接。将【工作单元】【OL4［1-1-5］】与【保护单元】【OL4［1-1-11］】配置转换连接。

3）第三步：启动 APS 协议

选中网元 A、B、C，单击【维护】→【诊断】→【APS 操作】菜单项，弹出【复用段保护组 APS 操作】对话框，依次将网元 A、B、C 的【启动操作】选项设置成【启动】，或者单击【全部启动】按钮，启动 APS 协议处理器，如图 5-53 所示。单击【应用】按钮以下发配置。

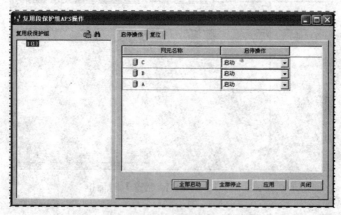

图 5-53 【复用段保护组 APS 操作】对话框

任务 6

传输网运行维护

6.1 知识准备：SDH 网同步

6.1.1 概述

1. 同步的概念

同步：是指信号之间在频率或相位上保持某种严格的特定关系，就是它们相对应的有效瞬间以同一个平均速率出现。SDH 网同步（SDH Network Synchronization）：是指数字通信网中各种通信设备时钟的同步。

2. 同步的重要性

若同一个网络中的各网元相互不同步，则会导致时隙不对准，收与发不能正确连接；若网络之间彼此不同步，则网络之间无法正常通信，业务不能互通。

6.1.2 SDH 网同步方式

1. 同步方式

SDH 网的同步方式大致有四种：全同步、伪同步、准同步、异步。

（1）全同步方式。

全网皆同步于唯一的基准主时钟（PRC）。其同步精度高，但实施困难。一般考虑分级控制的方案，即可用等级主从方式来实现。

（2）伪同步方式。

全网划分为几个分网，各分网的主时钟符合 ITU-T G.811 规定，分网中的从时钟分别同步于分网的主时钟。因此，各分网时钟相互独立，但误差极小而接近于同步（一般用于国际数字网）。

（3）准同步方式。

当外定时基准丢失后，节点时钟进入保持模式。网络同步质量不高。

（4）异步方式。

各节点时钟出现较大偏差，不能维持正常业务，将发送告警信号。

2. 从时钟工作模式

目前，SDH 网广泛采用等级主从同步方式，如图 6-1 所示。

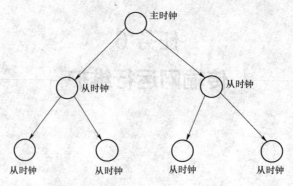

图 6-1　等级主从同步方式

主从同步方式中，从时钟具有 3 种工作模式。

（1）正常工作模式。

跟踪锁定上级时钟模式（精度最高）。

（2）保持模式。

当所有定时基准丢失后，从时钟进入保持模式。设备模拟它在 24 小时以前存储的同步记忆信息来维持设备的同步状态（精度次之）。

（3）自由运行模式。

自由振荡模式，当从时钟丢失所有外部基准定时，也失去了定时基准记忆或处于保持模式太长，从时钟内部振荡器就会工作于自由振荡模式，利用内部的振荡器产生的信号作为同步信号（精度最低）。

我国的数字同步网采用三级主从同步方式，其主时钟在北京，备用时钟在武汉。

3. SDH 网同步原则

在数字网中传送时钟基准应注意几个问题：

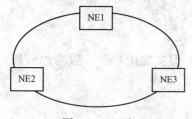

图 6-2　环路

（1）在同步时钟传送时不应存在环路。如图 6-2 所示，若 NE2 跟踪 NE1 的时钟，NE3 跟踪 NE2 的时钟，NE1 跟踪 NE3 的时钟，这时同步时钟的传送链路组成了一个环路。这时若某一网元时钟劣化就会使整个环路上网元的同步性能连锁性的劣化。

（2）尽量减少定时传递链路的长度，避免由于链路太长影响传输的时钟信号的质量。根据 ITU-T G.803 规定，基准定时链路上 SDH 网元时钟个数不能超过 60 个。

（3）从站时钟要从高一级设备或同一级设备获得基准。

（4）应从分散路由获得主备用时钟基准，以防止当主用时钟传递链路中断后导致时钟基准丢失的情况。

（5）选择可用性高的传输系统来传递时钟基准。

4. 我国数字同步网的特点

我国的数字同步网采用三级主从同步方式，如图 6-3 所示。一级基准时钟分为两种，全网基准钟和区域基准钟。

全网基准钟（PRC）：由自主运行的铯原子钟组或铯原子钟组与卫星定位系统 GPS 组成。北京、武汉各建一个以铯原子钟为主的，包括 GPS 接收机的高精度基准钟，称 PRC。

区域基准钟（LPR）：由卫星定时系统 GPS 和铷原子钟组成。在其他 29 个省中心城市（北京、武汉除外）各建立了一个以 GPS 接收机为主加铷钟构成的高精度区域基准钟，称 LPR。LPR 通过 GPS 跟踪 PRC 的时钟信号。当 GPS 信号发生故障或降质时，该 LPR 转为经地面直接（或间接）跟踪北京或武汉的 PRC。各省以本省中心的 LPR 为基准钟组建数字同步网。

二级基准时钟（SSU-T）：由铷原子钟或高稳晶体钟组成。

三级节点时钟（SSU-L）：由高稳晶体钟组成。

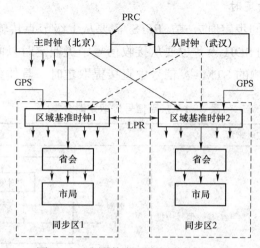

图 6-3　我国数字同步网结构示意图

铯原子钟：长期频率稳定度好，价格昂贵，短期稳定度差。

铷原子钟：体积小，预热时间短，短期稳定度高，价格便宜，但长期稳定性低于铯原子钟。

GPS：大楼综合定时源（BITS）和 GPS 接收机内部时钟综合，才能得到长期和短期都能满足要求的定时信号。

石英晶体振荡器：可靠性高，寿命长，价格低，频率稳定度范围很宽，但长期频率稳定度不好。

5. SDH 设备的定时方式

1）外同步方式

目前每个 SDH 网络单元中的 SETPI 模块提供了输出定时和输入定时接口，如图 6-4 所示，SDH 设备通过输入定时接口从【外定时基准】接收同步信号。外部提供的定时源一般有三种（时钟主站-网关网元）：

（1）PDH 网同步中的 2 048 kHz 同步定时源；

（2）同局中其他 SDH 网络单元输出的定时；

（3）同局中 BITS 输出的时钟。

一般在较大的局站中，设备有称为综合定时供给系统（BITS）的时钟源。BITS 接收国内基准或其他如 GPS 的定时基准同步，具有保持功能。局内需要同步的 SDH 设备均受其同步。

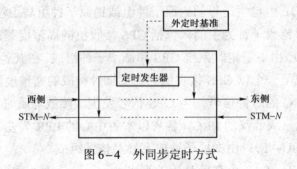

图 6-4　外同步定时方式

2）从接收信号提取的定时

此为广泛应用的局间同步定时方式，BITS 需要从上级节点传输过来的信号中提取定时基准。本局内没有 BITS 的 SDH 设备也要从接收信号中提取定时以同步于基准时钟。目前主要推荐从不受指针调整影响的 STM-N 信号中直接提取定时。具体分类见表 6-1。

表 6-1　接受信号提取定时分类

定时方式	定时来源	示意图
线路定时	从某一特定的 STM-N 接收信号中提取定时，见图 6-5	图 6-5　线路定时
通过定时	从其同方向终结的 STM-N 接收信号中提取定时，见图 6-6	图 6-6　通过定时
环路定时	从其同侧的 STM-N 接收信号中提取定时信号，见图 6-7	图 6-7　环路定时

续表

定时方式	定时来源	示意图
支路定时	从交换系统来的 2 Mb/s 支路信号中提取时钟，见图 6-8	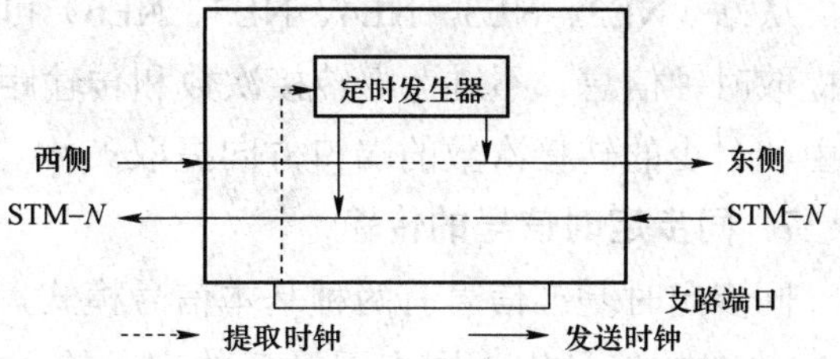 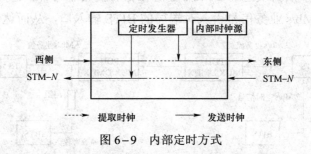图 6-8　支路定时

3）内部定时方式

如图 6-9 所示，由内部石英晶体振荡器产生的信号作为定时基准的方式。

图 6-9　内部定时方式

6. SDH 网络同步举例

采用主从同步方式，首先在该 SDH 网中要有一个 SDH 网元时钟主站（即该 SDH 网络中的时钟主站），其他网元跟踪时钟主站。

1）链型网

如图 6-10 所示，B 站（外定时方式）为时钟主站，接收外时钟。其他网元跟踪 B 站时钟。A 站（环路定时方式）从西线路端口接收来自 B 站的时钟信号。C 站和 D 站（线路定时方式）从西线路端口接收来自 B 站的时钟信号。

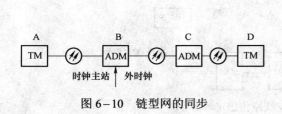

图 6-10　链型网的同步

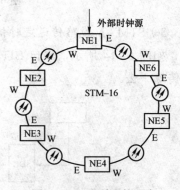

图 6-11　环型网的同步

2）环型网

如图 6-11 所示，NE1（外定时方式）为时钟主站，接收外时钟。其他网元跟踪 NE1 时钟。从站（NE2、NE3、NE4、NE5、NE6）可以从两个线路端口（西向/东向）接收 STM-N 中提取时钟信息，不过考虑转接次数和传输距离对时钟信号的影响，从站网元最好从最短的路由和最少的转接次数的端口方向提取。

7. 同步定时信号的传输

同步定时基准信号有两种基本信号模式，即 2 Mb/s 和 2 MHz。一般的同步网设备均采用 2 Mb/s 的信号作为同步网设备的定时输入信号。传送定时输入参考信号链路可以有三种选择。

1）PDH 的 2 Mb/s 业务码流传送定时信号

如图 6-12 所示，本端局的 BITS 的 2 Mb/s 时钟信号首先去同步同在枢纽大楼内的 TS 交换机，TS 交换机同步后其发送的 2 Mb/s 业务信号就携带了时钟信息，经 PDH 传输到对端局后通过高阻将该 2 Mb/s 业务信号引入对端局的 BITS 输入口，从而达到同步的目的。

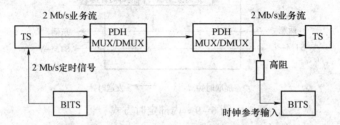

图 6-12　PDH 的 2 Mb/s 业务码流传送定时信号

2）PDH 2 Mb/s 专线传送定时信号

如图 6-13 所示，高等级的 BITS 定时信号送到 PDH 传输系统，通过不带业务的 PDH 2 Mb/s 专线传递给下游时钟，下游时钟采用终结方式提起时钟信号。

图 6-13　PDH 2 Mb/s 专线传送定时信号

3）STM-N 线路传送定时信号

如图 6-14 所示，来自 BITS 的定时承载到 SDH 的线路信号 STM-N 上，通过 SDH 系统传递下去。

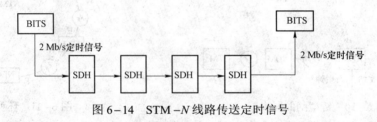

图 6-14　STM-N 线路传送定时信号

6.1.3 SDH 网时钟保护倒换

1. 同步状态信息（SSM）

采用同步状态信息 SSM 在同步定时链路中传递定时信号的质量等级。SSM 编码与时钟等级对应关系见表 6-2。SDH 利用 S1 字节（bit5～bit8）表征不同的时钟质量等级，以传递 SSM 信息。

表 6-2 SSM 编码与时钟等级对应关系表

SSM 编码（bit5～bit8）	优选顺序	质量等级描述	对应的我国时钟等级
0010	最高	QL_PRC	1 级基准时钟
0100	↓	QL_SSUT	2 级节点时钟
1000	↓	QL_SSUL	3 级节点时钟
1011	↓	QL_SEC	SDH 网元设备时钟
1111	最低	QL_DNU	同步信号不可用

2. SDH 设备标准 SSM 处理规则

（1）根据质量级别选择跟踪的时钟源。

（2）SSM 依靠时钟质量来防止时钟成环。

（3）当有同样高质量等级的参考信号存在时，遵循选择短路径时钟原则，可以通过人为设定的优先级来进行判断选择。

（4）在获取时钟源后，回送 0xf 表示回送时钟源不可用，避免两个节点间出现同步互跟的情况。

3. 标准 SSM 协议下时钟保护

1）单网元标准 S1 处理

如图 6-15 所示，网元 S1 收到外时钟 0x04、线路 1 时钟 0x0b、线路 2 时钟 0x02、线路 3 时钟 0x0f。根据质量级别从中选择跟踪的时钟源。

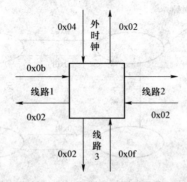

图 6-15 单网元标准 S1 处理

2）链网标准 S1 处理——时钟参考源唯一

如图 6-16 所示，网元 A 为时钟主站接收外时钟 0x02。其他网元 B、C、D 跟踪网元 A 时钟。

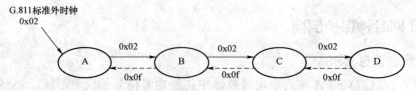

图 6-16　链网标准 S1 处理——时钟参考源唯一

3）链网标准 S1 处理——多时钟参考源

如图 6-17（a）所示，网元 A 接收外时钟 0x02（G.811 标准外时钟）。网元 D 接收外时钟 0x04（G.812 标准外时钟）。因为 G.811 标准外时钟是基准时钟，G.812 标准外时钟是二级时钟，所以链网中所有网元跟踪级别高的时钟——0x02（G.811 标准外时钟）。

如图 6-17（b）所示，外时钟 0x02 出现故障。SDH 时钟进行保护倒换，链网中所有网元跟踪另一个时钟——0x04。

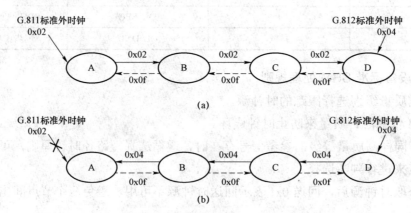

图 6-17　链网标准 S1 处理——多时钟参考源

4）环网标准 S1 处理——时钟参考源唯一

如图 6-18 所示，网元 A 为时钟主站接收外时钟 0x02。其他网元 B、C、D 跟踪网元 A 时钟。

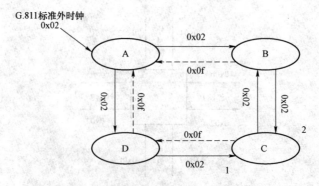

图 6-18　环网标准 S1 处理——时钟参考源唯一

5）环网标准 S1 处理——多时钟参考源

如图 6-19（a）所示，网元 A 接收外时钟 0x02（G.811 标准外时钟）。网元 D 接收外时钟 0x04（G.812 标准外时钟）。因为 G.811 标准外时钟是基准时钟，G.812 标准外时钟是二级时钟，所以环网中所有网元跟踪级别高的时钟——0x02（G.811 标准外时钟）。

如图 6-19（b）所示，外时钟 0x02 出现故障。SDH 时钟进行保护倒换，环网中所有网元跟踪另一个时钟——0x04。

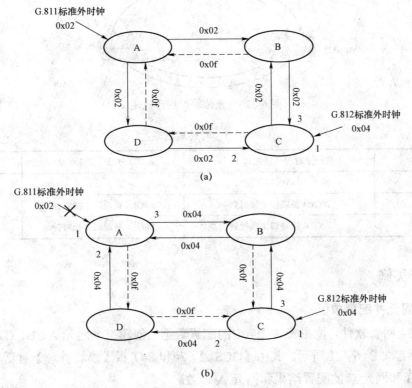

图 6-19　环网标准 S1 处理——多时钟参考源

6.2　任务实施：时钟配置

6.2.1　业务描述

中兴通讯为广铁集团公司构建了如图 6-20 所示的光传输网络，其中 A、B、C 网元构成二纤环形光传输网，速率为 STM-4。

业务要求如下：

采用中兴通讯 ZXMP S325 设备，传输速率为 622.080 Mb/s。

进行网络时钟源配置。确保 SDH 网络只有一个时钟源，且时钟不成环。

6.2.2　任务分析

网络拓扑规划和配置数据如图 3-52 所示，时钟规划见表 6-3。

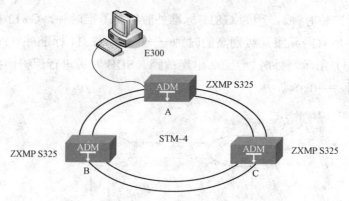

图 6-20   光传输网络示意图

表 6-3   时钟规划表

网元名称	第一定时源（优先级 1）	第二定时源（优先级 2）	自动 SSM
网元 A	内时钟		√
网元 B	7#OL4 板端口 1 抽时钟	8#OL4 板端口 1 抽时钟	√
网元 C	7#OL4 板端口 1 抽时钟	8#OL4 板端口 1 抽时钟	√

6.2.3   任务实施

1. 创建网元并配置单板

打开 E300 网管软件，按照表 3-27 中的配置数据，创建三个网元 A、B、C。网元 A【单板管理】对话框如图 6-21 所示。其中【OCSx】（7#和 8#）板【模块管理】对话框如图 6-22 所示。网元 B 和网元 C 的配置结果和网元 A 一致。

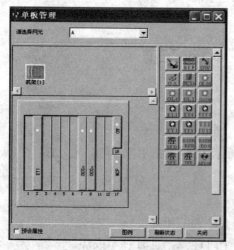

图 6-21   网元 A【单板管理】对话框

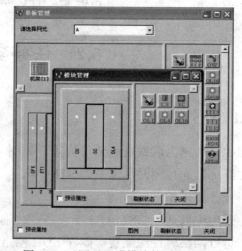

图 6-22   网元 A【模块管理】对话框

2. 完成纤缆连接

按照表 3-28 中的网元连接关系，完成纤缆连接。

3. 进行时钟源配置

第一步：选中网元 A，选中【设备管理】→【SDH 管理】→【时钟源】菜单项，进入【时钟源配置】对话框【定时源配置】选项卡。单击【新建】按钮，弹出【定时源配置】对话框，如图 6-23 所示。在【时钟类型】选择框中选中【内时钟】。单击【确定】按钮返回【时钟源配置】对话框。

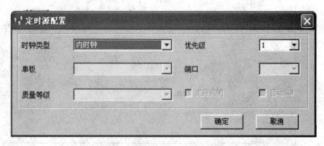

图 6-23　配置【内时钟】

配置结果如图 6-24 所示，再单击【应用】按钮使配置生效。

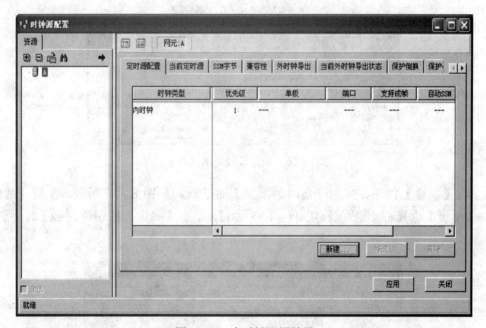

图 6-24　内时钟配置结果

在【时钟源配置】对话框中选中【SSM 字节】选项卡，如图 6-25 所示。选中【启用 SSM 字节】选项，选中【启用质量等级未知】选项，点击【应用】按钮使配置生效。

第二步：进行网元 B 的时钟源配置操作，在网元 B【时钟源配置】对话框【定时源配置】选项卡中单击【新建】按钮，弹出【定时源配置】对话框，如图 6-26 所示。在【时钟类型】选择框中选中【线路抽时钟】，在【单板】选择框中选中【OL4[1-1-7-3]】。单击【确定】按钮返回到【时钟源配置】对话框。

143

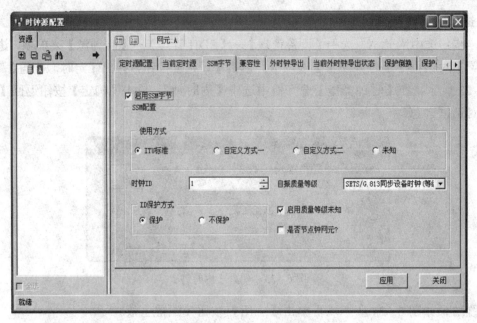

图 6-25　SSM 字节配置

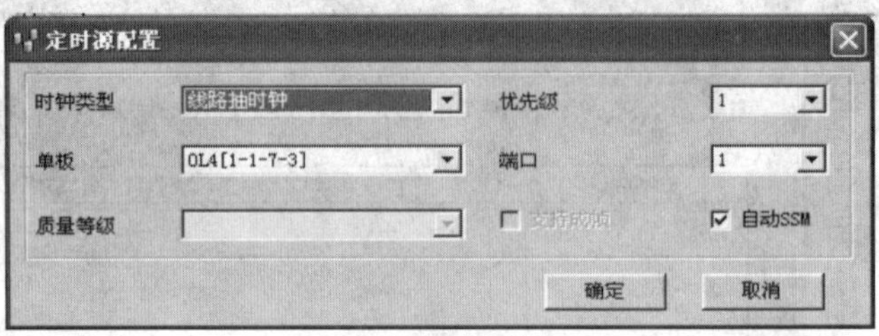

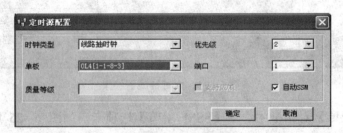

图 6-26　配置【线路抽时钟】1

　　再单击【新建】按钮，弹出【定时源配置】对话框，如图 6-27 所示。配置【线路抽时钟】，在【单板】选择框中选中【OL4[1-1-8-3]】。单击【确定】按钮返回到【时钟源配置】对话框。

图 6-27　配置【线路抽时钟】2

　　配置结果如图 6-28 所示，再单击【应用】按钮使配置生效。弹出【信息】对话框，提示信息【设置时钟源命令成功】，单击【确定】按钮进行确认。同样，也对网元 B 配置【SSM字节】。选中【启用 SSM 字节】选项，选中【启用质量等级未知】选项，点击【应用】按钮使配置生效。

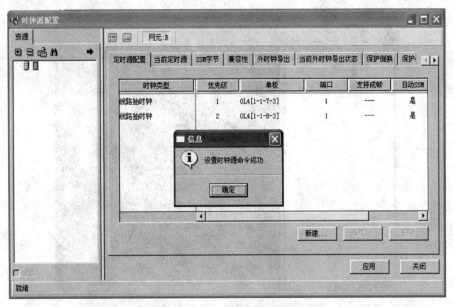

图 6-28　线路抽时钟配置结果

同理，对网元 C 进行时钟配置，操作过程和网元 B 一样，配置结果如图 6-29 所示。

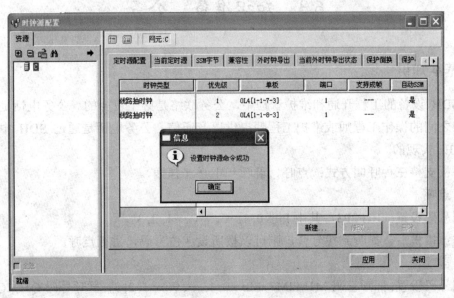

图 6-29　网元 C 时钟源配置结果

4. 查看时钟源配置结果

选中网元 A、B、C，切换到【时钟源视图】，单击【视图】→【配置视图】菜单项，显示结果如图 6-30 所示。网元 A 的图标上有个小时钟图标，表示它配置内时钟。网元 B 和网元 C 两端都有箭头进入，表示它配置了线路抽时钟。而且这个时钟源配置了保护倒换。例如网元 B 通过【OL4[1-1-7-3]】端口跟踪网元 A 的时钟信号。当网元 A 到网元 B 的线路发生故障，网元 B 会进行时钟保护倒换，通过【OL4[1-1-8-3]】端口跟踪网元 A 的时钟信号。

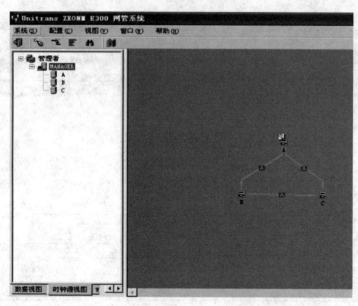

图6-30 【时钟源视图】显示结果

6.3 知识准备：公务

6.3.1 基本知识

在 SDH 设备的工程开通和维护管理中，公务联络是必不可少的。公务电话是为不同的工作站点之间的操作工程师或维护工程师提供语音通信。公务电话是通过 SDH 中的开销字节 E1 和 E2 实现的。

公务板支持三种呼叫方式：点呼、群呼和主呼（强插）。

（1）点呼。

呼叫号码设置：P1P2P3，其中 Pn=0, 1, …, 9（n=1, 2, 3）。

操作：摘机后，如听到拨号音，则可以拨所设 3 位号码，进行点呼。

（2）群呼。

呼叫号码设置：群呼密码 M1M2M3，Mn=0, 1, …, 9（n=1, 2, 3）。群呼号码 Q1Q2Q3，Qn=0, 1, …, 9 和通配符*（n=1, 2, 3）。其中通配符指任意号码，如*12 是指呼叫所有 12 为后两位的站点，***为呼叫所有站点。

操作：摘机后，如听到拨号音，拨#M1M2M3Q1Q2Q3 七位号码，进行群呼。

（3）主呼。

呼叫号码设置：主呼密码 999。主呼号码 AAA，AAA=111（表示强插入 E1）或 222（表示强插入 E2）。

操作：摘机后无论听到忙音或拨号音，拨#999AAA 七位号码，进行强插。

6.3.2　网管关键配置

1）公务号码设置

网管配置公务号码、群呼密码、群呼允许、主呼密码等。

2）公务端口设置

网管配置音频端口属性为"公务"类型。

3）公务强制方向设置

如无特殊需要，一般设置所有方向均为自动方式；需要时可设置某一方向强制打开，由人为保证不成环。注意要可靠打开某一光方向需设置两端的对应光方向均为打开；需要时可设置某一方向强制关断。注意要可靠关断某一光方向需设置两端的对应光方向均为强制关断。

6.3.3　公务控制点及保护字节设置

1）公务控制点设置原则

分析组网图中每一个环路，通过设置控制点能将网络中所有的环路打断。控制点尽量少。尽量选取光方向少的网元为控制点，一般选取首网元为公务控制点，一张网一般只有一个公务控制点。

2）公务保护字节

设置保护字节，设置使用哪个开销作保护通道。设置是以光方向为单位的，各个光方向可以设置使用不同的开销字节。可设置的开销字节有：E2、F1、R2C9（第2行第9列）、D12。

3）各种设备保护字节的使用

150V2 设备只可使用 E2 作保护字节。600V2 设备可以使用 E2、F1、D12、R2C9 作保护字节。II 型机可以使用 E2、F1、R2C9 作保护字节。10G/2500E 可以使用 E2、F1、D12、R2C9 作保护字节。注意：OL4LY4、OL1LY4、OL16L 只支持 E2、F1、D12 作保护字节。2500C 可以使用 E2、F1、D12、R2C9 作保护字节。

150V2 默认值为 E2，II 型机和 600V2 的默认值为 R2C9，10G 设备的 10G 光板默认设置为 R2C9，其他光板为 D12。

4）不同设备互联时使用的保护字节

不同设备互联时使用的保护字节见表 6-4。如 600V2 设备与 150V2 互联时应选择 E2 作为保护字节。

表 6-4　不同设备互联时使用的保护字节

	150V2	600V2	II	10G
150V2	E2			
600V2	E2	R2C9		
II	E2	R2C9	R2C9	
10G	E2	D12	F1	D12

5）保护字节配置的基本原则

光纤连接的 2 个光口使用的保护字节必须一致。如果组网中有 150V2，最好全网均使用 E2 作保护字节（此时只通一路公务）。如果全网的设备均支持 R2C9，就用 R2C9 作保护字节。如果全网没有 150V2，且不是全部支持 R2C9，用 F1 作保护字节。注意：10G/2500E、2500C 设备的中继不能选择 E2 作保护字节。

6.4　任务实施：公务配置

6.4.1　业务描述

中兴通讯为广铁集团公司构建了如图 6-20 所示的光传输网络，其中 A、B、C 网元构成二纤环形光传输网，速率为 STM-4。

业务要求如下：

采用中兴通讯 ZXMP S325 设备，传输速率为 622.080 Mb/s。

进行公务配置。要求公务不成环。

6.4.2　任务分析

公务号码的配置，可以选择"自动设置"。这样做可以将全网中所有网元进行公务号码的分配，不用再对一个个网元去配置号码了。公务号码会按照创建网元的顺序倒着安排，比如一共有 10 个，A 是第一个创建的网元，Z 是第十个，则 A 的号码就为 109，Z 为 100。

公务控制点的配置：当网络成环的时候，为了防止公务成环，需要配置公务控制点，如果网络是链形就没有必要了。

公务控制点可以是网络中的任意一个网元，可以选择多个控制点，但是注意对于每一个控制点会有一个优先级。然后可以点击"查询保护"查看所有的公务控制点以及优先级顺序。

网络拓扑规划和配置数据如图 3-52 所示，公务配置参数见表 6-5。

表 6-5　公务配置参数

网元	A	B	C
公务号码	101	102	103
配置公务保护	√		
控制点顺序	1		

6.4.3 任务实施

1. 创建网元并配置单板

打开 E300 网管软件，按照表 3-27 中的配置数据，创建三个网元 A、B、C。

2. 完成纤缆连接

按照表 3-28 中的网元连接关系，完成纤缆连接。

3. 进行公务配置

第一步：选中网元 A，选中【设备管理】→【公共管理】→【公务配置】菜单项，弹出【公务配置】对话框，在【公务号码】选择框里填入【101】，选中【配置公务保护】选项，【控制点顺序】选项默认数据为【1】。配置结果如图 6-31 所示。单击【应用】按钮使配置生效。

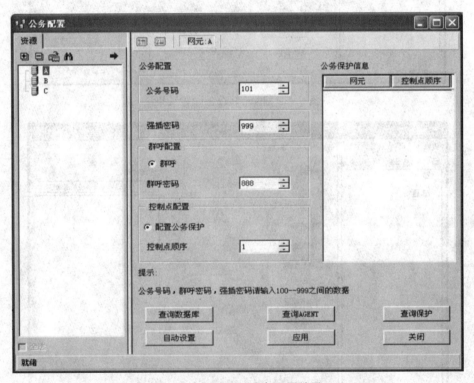

图 6-31 网元 A 公务配置结果

在【公务配置】对话框中，双击网元 B，在【公务号码】选择框里填入【102】，配置结果如图 6-32 所示。单击【应用】按钮使配置生效。

在【公务配置】对话框中，双击网元 C，在【公务号码】选择框里填入【103】，配置结果如图 6-33 所示。单击【应用】按钮使配置生效。

在【公务配置】对话框中，单击【查询保护】按钮，在对话框右上部的【公务保护信息】框中显示【网元】为【A】、【控制点顺序】为【1】，如图 6-34 所示，与设置相符。

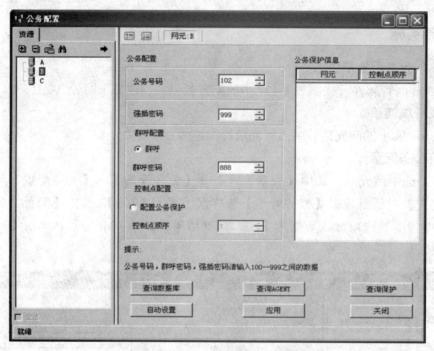

图 6-32　网元 B 公务配置结果

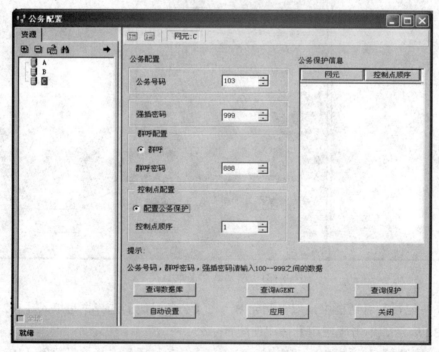

图 6-33　网元 C 公务配置结果

第二步：配置公务保护字节。选中网元 A、B、C，选中【设备管理】→【SDH 管理】→【公务保护字节选择】菜单项。弹出【公务保护字节选择】对话框，如图 6-35 所示。在【工作方式选择】选择框中，选中【自动配置】选项。在【自动配置（参数设置）】的【全网预

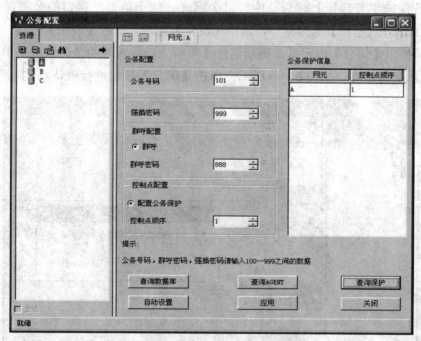

图 6-34　公务保护信息查询结果

设保护字节】选择框中，选中【R2C9】选项。单击【应用】按钮使配置生效。弹出【询问】信息框，提示信息【该操作将对拓扑图上所有有光连接的网元进行公务保护字节的自动配置，是否继续？】。单击【是】按钮进行确认。

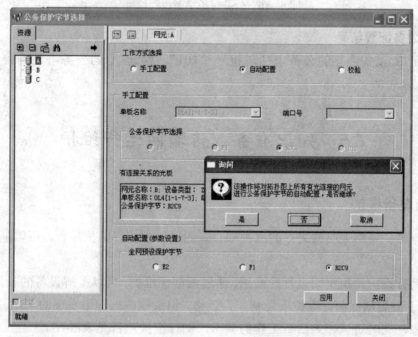

图 6-35　公务保护字节配置结果

在【公务保护字节选择】对话框中，每个网元、每个单板光接口的公务保护字节均为R2C9。在【工作方式选择】选择框中，选中【校验】选项，单击【应用】按钮，检查全网公务保护字节，弹出【信息】提示框，提示信息【所有光连接两端的公务保护字节配置互相匹配】，系统提示配置正确，如图6-36所示。单击【确定】按钮进行确认。

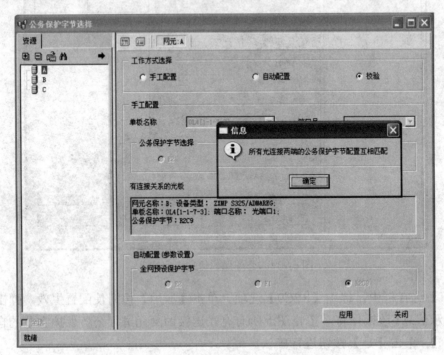

图6-36　公务保护字节校验结果

4. 验证公务配置结果

拿起网元 B 设备连接的公务电话，拨号"101"，网元 A 的公务电话响铃，接听公务电话。

6.5　知识准备：传输网运行维护

6.5.1　传输设备维护

日常例行维护是每天必须进行的维护项目，通过日常例行维护项目，可以随时了解设备的运行情况。

周期性例行维护是指定期进行的维护，通过周期性维护，可以了解设备的长期工作情况。建议用户将日常/周期性例行维护项目制作为表格，记录维护过程中发现的问题，以便及时维护和排除隐患，同时可以作为日后工作的参考。例行维护项目见表6-6。

表 6-6　例行维护项目

	维护项目	维护周期
设备检查项目	设备声音告警检查	1 天
	机柜指示灯观察	1 天
	单板指示灯观察	半天
	风扇检查和防尘网定期清理	2 周
	公务电话检查	2 周
	业务检查	2 周
网管检查项目	登录口令定期更改并记录备忘录	1 月
	导航树监视	1 天
	拓扑图监视	1 天
	告警监视	1 天
	性能监视	1 天
	查询系统配置	不定期
	查询用户操作日志	不定期
	报表打印	不定期
	备份数据	不定期
	风扇状态查询	2 周

　　突发性维护是指因为传输设备故障、网络调整等带来的维护任务。如设备损坏、线路故障时需进行的维护，同时在例行维护中发现并记录的突发事件也是突发性维护任务之一。

　　在系统异常工作的情况下，可以采取合适的维护操作判断故障源，解决故障使系统恢复正常工作。在达到测试和诊断的目的后，必须及时将先前所作的维护操作撤销，以免影响今后设备的正常运行。

6.5.2　光传输设备的日常维护

1. 机房的温、湿度和清洁度

　　正常工作环境下，温、湿度的测量点指在地板上面 1.5 m 和在设备前 0.4 m 处测量的数据；短期工作是指连续工作时间不超过 48 小时且每年累计时间不超过 15 天。环境温度和相对湿度的要求指标，见表 6-7。

表 6-7　环境温度和相对湿度的要求指标

监 测 项 目		要求指标
环境温度	长期工作	15～30 ℃
	短期工作	0～45 ℃
相对湿度	长期工作	40%～65%
	短期工作	20%～90%

洁净度包括空气中的尘埃和空气中所含的有害气体两方面。传输设备机房内无爆炸、导电、导磁性及腐蚀性尘埃。直径大于 5 μm 灰尘的浓度小于或等于 3×10^4 粒/m³。传输机房内无腐蚀性金属和破坏绝缘的气体。机房经常保持清洁，并保持门、窗密封等。

2. 设备供电电源和接地要求

电压标称值：DC-48 V。

波动范围：DC-57～-40 V。

功耗：根据配置不同，功耗不同，常用单板、单元功耗见表 6-8，最大为 500 W。

表 6-8 常用单板、单元功耗

单板/单元名称	代号	功耗/W
网元控制板	NCP	5.0
公务板	OW	21.0
时钟板	SC	10.0
256×256 交叉板	CSB	22.0
512×512 交叉板	CSD	95.0
STM-64 光线路板	OL64	38.0
STM-16 光线路板	OL16	22.5
4 路 STM-4 光线路板	OL4×4	21.6
4 路 STM-1 光线路板	OL1×4	25.0
8 路 STM-1 光线路板	OL1×8	28.0
4 路 STM-1 电接口板	EL1×4	25.0
8 路 STM-1 电接口板	EL1×8	30
4 路 140 M 电接口板	ET4	31.2
功率放大板	OBA	5.0
风扇插箱	FAN	31.0

设备接地要求参数见表 6-9。

表 6-9 设备接地要求参数

	接地电阻	电压差
-48 V GND	≤4 Ω	
防雷保护	≤3 Ω	
设备系统	≤1 Ω	
联合接地	≤0.5 Ω	
防雷地、设备系统地、-48 V GND		小于 1 V

3. 常用工具、材料、仪表

常用维护工具见表 6-10。

表 6-10　常见维护工具

名　　称			
卷尺	斜口钳	老虎钳	拔片器
拔纤器	尖嘴钳	压线钳	防静电手环
镊子	剥线钳	40 W 电烙铁	绝缘胶布
可调扳手	剪刀	卡线钳	扎带
螺丝刀（一字、十字，大、中、小各一）		交叉网线（长度根据实际需要）	

设备维护需要准备以下材料：无水酒精、无尘纸、焊锡丝、松香、绝缘胶布、扎带、2M 自环线、自环光纤等。

一个传输网络工程可以根据网络规模只为一个或几个主要站点配备以下仪表，与其他站点共用。所有仪器、仪表在使用前要注意进行检修、校准，保证仪器、仪表的准确和完好。

机房均需常备温湿度计监测设备运行环境。设备维护，需配备数字万用表、光功率计、光衰减器、PDH 误码仪各一台，如果具备条件可配备一台 SDH 综合分析仪。

4. DDF 布防标准

DDF 架，即数字配线架，又称高频配线架，以系统为单位，有 8 系统、10 系统、16 系统、20 系统等，在数字通信中越来越有优越性，它能使数字通信设备的数字码流的连接成为一个整体，从速率 2～155 Mb/s 信号的输入、输出都可终接在 DDF 架上，这为配线、调线、转接、扩容都带来很大的灵活性和方便性。DDF 架实物如图 6-37 所示。

（a）　　　　　　　　　　　　　（b）

图 6-37　DDF 架实物图

DDF 布放标准如图 6-38 所示，有以下几点。

（1）要成对布放，布放时不能把光纤弯成直角，折弯半径不得小于 30 mm；

（2）走线架上布放时需要应用专用尾纤槽或波纹管保护；

（3）在敷设光纤时应避免光纤与机柜设备的锐边直接接触，以防割伤光纤，布线与结构件的实际距离应在 10 mm 以上，若不能保证，则要有护套保护。

图6-38 DDF布放标准

5. 设备的例行维护操作

1）设备声音告警检查

（1）定期检查截铃开关是否置于"Normal"状态，确保告警声音常开。

（2）定期检查告警门板、子架接口区中的"ALARM_SHOW"接口、截铃开关三者间的电缆连接以及开关是否正常。

（3）如果设备告警外接到列头柜，应定期检查列头柜的声音告警开关和接线是否正常，保证设备告警时能够发出声音。

2）机柜指示灯观察

每天查看机柜指示灯的状态，发现有红、黄灯亮时，应进一步查看单板指示灯，并及时通知中心站的网管人员在设备正常工作时，机柜指示灯应该只有绿灯亮。

3）单板指示灯观察

单板初始化时：绿灯长亮，表示等待配置。

单板正常运行时，绿灯应该进行正常1秒1次的闪烁，再跟据一般告警和严重告警的产生点亮相应的黄灯或者红灯。但是一定要注意，绿灯与告警无关，只要单板运行正常，绿灯就要按规律闪烁。

正常运行时，如果出现绿灯长亮或者长灭，表示单板跑死了，需要对单板进行复位。

4）风扇检查和定期清理

定期检查风扇的运行情况和通风情况，保证风扇时刻处于正常运行状态。风扇的正常运行状态判断标准有以下两点。

（1）风扇运行平稳，转速均匀，发出持续的"嗡嗡"声，无异常声响。

（2）网管软件中风扇转速不应配置为"0"。

定期清理风扇的防尘网，每月至少两次。

5）公务电话检查

如果本站不是中心站，应定期从本站向中心站拨打公务电话，检查从本站到中心站的公务电话是否能够打通，检查话音质量是否良好，并让对方站拨打本站公务电话测试。如果本站是中心站，应定期依次拨打各站点电话，检查公务电话质量。公务电话的检查为每两周一次。

公务电话不通时，应采用其他联系方法确认被叫站点是否挂机；如果被叫站点已经挂机，应由中心站通过网管检查配置数据、性能、告警等，查找原因并解决。

6．单板维护

（1）在设备维护中做好防静电措施，避免损坏设备。在接触设备时必须佩带防静电手环。

（2）注意单板的防潮处理。保存单板的防静电保护袋中一般应放置干燥剂，当单板从一个温度较低、较干燥的地方拿到温度较高、较潮湿的地方时，至少需要等 30 min 以后才能拆封。否则，会导致潮气凝聚在单板表面，损坏器件。

（3）插拔单板时要小心操作。设备背板上对应每个单板板位有很多插针，如果操作中不慎将插针弄歪、弄倒，可能会引起短路，造成设备瘫痪。

（4）光线路板/光接口板上未用的光口一定要用防尘帽盖住。

（5）日常维护工作中，如果拔出尾纤，必须立即为该尾纤接头佩戴防尘帽。

（6）严禁直视光线路板/光接口板上的光口，以防激光灼伤眼睛。

（7）清洗尾纤插头时，应使用无尘纸蘸无水酒精小心清洗，不能使用普通的工业酒精、医用酒精或水。

（8）更换光线路板/光接口板时，注意应先拔掉光线路板/光接口板上的尾纤，再拔光线路板/光接口板，禁止带纤插拔单板。

7．设备电源维护

设备断电将使设备退出运行状态，导致本网元业务全部中断。鉴于传输设备在网络中的重要性，设备一旦投入使用，为保障传送的业务不中断，应尽量避免进行断电操作。

（1）上电步骤。

① 确认设备的硬件安装和线缆布放完全正确，设备的输入电源符合要求，设备内无短路现象。

② 接通机房对设备的供电空气开关。接通整流器开关，检查整流器监控模块的电流电压数据是否正常。

③ 接通机柜内部两路（主用和备用）空气开关。

④ 接通设备电源开关，观察风扇是否正常运转。

（2）下电步骤。

① 将设备电源开关置于"OFF"，设备下电。

② 将机柜内部两路空气开关置于"OFF"。

③ 关闭整流器开关。

④ 关闭机房对设备的供电空气开关。

（3）严禁带电安装、拆除电源线。带电连接电源线时会产生电火花或电弧，可导致火灾或眼睛受伤。在进行电源线的安装、拆除操作之前，必须关掉电源开关。

（4）在完成对设备的维护操作后，应关上机柜前门，保证设备始终具有良好的防电磁干扰性能。

8. 光功率测试

如图 6-39 所示,将光功率计的接收光波长设置为与被测光板的发送光波长相同。将尾纤的一端连接到所要测试光板的发光口,将尾纤的另一端连接到光功率计的测试输入口,待光功率稳定后,读出光功率值,即该光板的发送光功率。

如图 6-40 所示,将光功率计的接收光波长设置为与被测光波长相同。在本站选择连接相邻站发光口的尾纤,此尾纤正常情况下连接在本站光板的收光口上。将此尾纤连接到光功率计的测试输入口,待光功率稳定后,读出光功率值,即该光板的实际接收光功率。

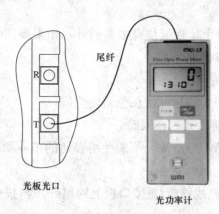

图 6-39　测试发送光功率

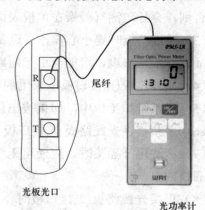

图 6-40　测试接收光功率

注意:光功率测试时,一定要保证尾纤连接头清洁,保证光板面板上法兰盘和光功率计法兰盘的连接装置耦合良好。

9. 误码测试

误码特性测试是整个传输网业务长期稳定运行工作性能的一项测试,定期抽测业务通道,来判断所有业务通道的性能是否正确。SDH 设备可以实现的误码测试包括使用误码仪进行测试和网管软件测试两种方法。

1)使用误码仪进行测试

使用误码仪进行测试时,有在线测试和离线测试两种方法。误码的测试点为设备提供给用户的业务接入点,如 2 M、34 M、140 M、155 M 等物理接口。

在线测试方法:先选定一条正在使用的业务通道,直接在该通道对应接口相连接的 DDF或者 ODF 的监测接头上挂表进行在线误码监视。正常情况下应无误码。

离线测试方法:先选定一条业务通道,找到此业务通道在本站的 PDH/SDH 接口和在对端站的 PDH/SDH 接口,然后在对端站的 PDH/SDH 接口利用网管软件做线路侧环回或者在DDF 架上做硬件环回,在本站相应的 PDH/SDH 接口挂表测试误码正常情况下应无误码。

2)使用网管软件测试

通过网管执行"维护→诊断→插入误码"命令,可在光线路或支路上强制插入误码,如果插入成功,将在连接的对端应查询到相应的误码性能值。插入误码操作可以用来判断通道的状况。

　　人工插入的 B2/B3/V5 误码对业务无影响，仪表不会检测到误码，仅能从网管终端查询；如果插入点为低阶 VC-12 或高阶 VC-3 通道虚容器，且配置为双向业务，则插入点单板应检测到大致等量的远端误码。

6.5.3　传输网管的日常维护

1）导航树监视

管理者通信状态指示：

（蓝色）表示已经登录；

（灰色）表示尚未登录；

（红色×）表示已登录，但与管理者失去连接。

2）拓扑图监视

网元状态指示见表 6-11。

表 6-11　网元状态指示

网元标识状态	说明
◆	在线网元，且网管与网元正常通信
◆	在线网元，但网管与网元失去联系
◆	离线网元

光纤连接状态指示见表 6-12。

表 6-12　光纤连接状态指示

图示	连接状态
 ⊡	正常状态
 ■■■■■◎■■■■■	光纤断
⚡M	保护倒换

3）告警监视

告警含义指示见表 6-13。

表 6-13　告警含义指示

告警颜色	含义
红色	紧急告警，严重告警
褐色	主要告警
黄色	次要告警
紫色	警告告警

4）性能监视

性能管理是通过收集统计数据，对网络设备的当前性能和历史性能进行监测，以便发现和校正网络或网元的性能偏差，对网络的规划和运行提供支持。

5）查询系统配置

① 网元信息；

② 网元连接；

③ 单板配置；

④ 复用段保护配置；

⑤ 时钟源配置；

⑥ 中继配置；

⑦ 时隙配置；

⑧ 公务配置；

⑨ 开销配置；

⑩ 端到端业务配置。

6）查询用户操作日志

所有用户登录网管后进行的操作，可以按照预先设置的要求记录在用户操作日志中。定期查询用户操作日志，可以检查是否有非法用户入侵，是否有误操作影响系统运行，这是网管的安全保障之一。

7）报表打印

利用网管软件的打印功能，可以打印输出网络配置、用户操作记录、设备性能和告警等信息。网管软件提供的实时打印功能可以将当前子网内所有网元主动上报或者是经用户查询、刷新后上报的实时告警信息直接在后台打印，实现告警记录。

8）备份数据

数据库备份主要是对 Manager 数据库的内容进行复制和保存，备份后的数据保存在 Manager 一侧。

6.5.4　NCP 地址的配置

1. 网元网络地址的定义

1）网元网络地址组成

网元网络地址由区域号、网元号和 NCP 单板号三部分组成。网络地址形式为：字节 1.字节 2.字节 3.字节 4。字节 1 作为区域号。字节 2 和字节 3 中的部分地址作为网元号。剩下的地址位和字节 4 组成 NCP 的单板号。网元网络地址和地址掩码如图 6-41 所示。

网元 IP 地址与 TCP/IP 协议中的 IP 地址对应关系为：区域号加网元号等于网络地址，NCP 单板号为主机号。

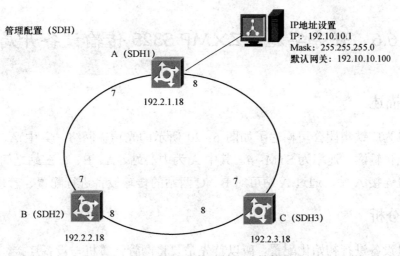

图 6-41　网元网络地址和地址掩码

2）区域号定义

网元网络地址字节 1 表示网元所属区域，数值为 1～223。同一区域号下的网元数建议不超过 64，最多不能超过 128。区域号 192 固定为骨干区域，骨干区域负责连接其他的区域。建议一般情况下非骨干区域使用 193～201 的区域号。非骨干网之间的通信通过它们之间的骨干网完成，而非骨干网之间不应再有连接。

3）网元号定义

网元网络地址字节 2 和字节 3 与掩码的对应字节相与后组成网元号，在同一区域中每一网元都必须对应一个唯一的网元号

4）NCP 板号定义

网元网络地址字节 2、字节 3 和字节 4 与掩码的对应字节的反码相与后组成 NCP 单板号。NCP 单板号相当于该网元的主机号，为显式定义（即直接在网元地址中显示网元的主机号）。NCP 板号必须大于 9，但小于 100，建议统一采用 18。网元中其他单板的单板号根据 NCP 的单板号自动分配，同一网元内的单板号不能重复，不同网元的单板号可以重复。

5）地址掩码

地址掩码形式为：255.×××.×××.0。

2. 网管主机的地址和路由设置

如果要使网管能正确地管理所有的网元，必须在网管主机正确设置可达全网的 IP 路由。在网管主机的网卡上绑定一个与网关网元属于同一网段的 IP 地址，即网管主机与网关网元具有相同的网络号。而主机号应当小于网关网元的主机号（即 NCP 单板号）。建议网管的主机号范围为 1～9，统一从 1 开始。

6.6 任务实施：ZXMP S325 传输设备开局

6.6.1 业务描述

中兴通讯为广铁集团公司构建了如图 6-20 所示的光传输网络，其中 A、B、C 网元构成二纤环形光传输网，速率为 STM-4。其中 A 为中心站，A、B、C 三站之间能正常进行通信，网管主机连接 A 站，通过 A 站可对 B、C 两站的传输设备进行配置、管理及维护。

6.6.2 任务分析

因为要对设备进行初始化配置，所以首先是要将网管计算机与设备连接，目前使用的连接多为以太网方式。对任何可连网的设备，出厂时会有一个默认地址，中兴通讯 ZXMP S325 设备的默认地址为 192.192.192.11，因此需将网管计算机的 IP 地址设为 192.192.192.0 的网段，即二者在同一个 IP 地址段。

网元 A、B、C 的 IP 地址分别设为 192.168.10.18、192.168.20.18、192.168.30.18。

6.6.3 任务实施

第一步：将 NCP 板拔出，把 NCP 板的 S3（4 位拨码开关）全部拨为 ON，则 NCP 板为下载（Download）状态。再将 NCP 板插回 17 槽位。拔出的 NCP 板实物如图 6-42 所示，其中圆圈部分为 S3（4 位拨码开关）。

图 6-42　NCP 板实物图

第二步：修改网管计算机的 IP 地址和网关，使其与 NCP 板固定 IP 属同一网段，IP 为 192.192.192.××，子网掩码为 255.255.255.0。

第三步：运行 cmd ping 192.192.192.11，检查与 NCP 板是否成功连接，Telnet 192.192.192.11，出现"ZTE+>"，进入 NCP 板配置状态。

第四步：如图 6-43 所示，清空 NCP 网元数据库，输入 "d-erase -d1"，清空 NCP 的数据库信息。其中 d1 为 NCP 的数据库区。

图 6-43　清空 NCP 网元数据库操作界面

第五步：NCP 的地址信息配置，输入 d-cfgnet，输入该命令后，出现以下信息，这些信息为设备原有的 IP 地址相关内容。

现在可开始配置 IP，输入 IP 地址 192.168.10.18，回车。

输入子网掩码 255.255.255.0，回车。

输入 MAC 地址 16:3:18，回车。输入 Y，回车。表示保存设置。

第六步：复位 NCP 板。如图 6-44 所示，输入 d-reboot，NCP 将进行复位。NCP 板指示灯闪烁三次，表示配置信息下载到 NCP 板。

图 6-44　复位 NCP 板操作界面

第七步：将 NCP 板拔出，把 NCP 板的 S3（4 位拨码开关）拨回非全"ON"状态。再将 NCP 板插回 17 槽位。

模块 3

PTN

任务 7

构建 PTN 承载网

7.1　知识准备：PTN 概述

7.1.1　PTN 发展背景

随着新兴数据业务的迅速发展和带宽的不断增长、无线业务的 IP 化演进、商业客户的 VPN 业务应用，对承载网的带宽、调度、灵活性、成本和质量等综合要求越来越高。传统基于电路交叉为核心的 SDH 网络存在成本过高、带宽利用低、不够灵活的弊端，运营商陷入占用大量带宽的数据业务的微薄收入与高昂的网络建设维护成本的矛盾之中。同时，传统的非连接特性的 IP 网络和产品，又难以严格保证重要业务的传送质量和性能，已不适应于电信级业务的承载。运营商亟须一种可融合传统语音业务和电信级业务要求、低 OPEX 和 CAPEX 的 IP 传送网，构建智能化融合宽带、综合的、面向未来和可持续发展的电信级网络。

在电信业务 IP 化趋势推动下，传送网承载的业务从以 TDM 为主向以 IP 为主转变，这些业务不但有固网数据，更包括近几年发展起来的 3G 业务。

而目前的传送网现状是 SDH/MSTP、以太网交换机、路由器等多个网络分别承载不同业务，各自维护的局面，难以满足多业务统一承载和降低运营成本的发展需求。因此，传送网需要采用灵活、高效和低成本的分组传送平台来实现全业务统一承载和网络融合，分组传送平台（PTN）由此应运而生，如图 7-1 所示。

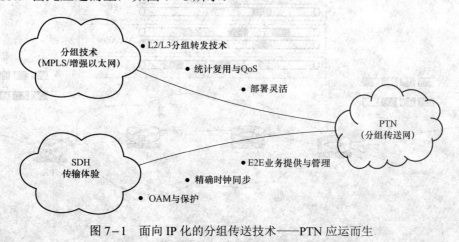

图 7-1　面向 IP 化的分组传送技术——PTN 应运而生

PTN（Packet Transport Network）是一种以分组作为传送单位，承载电信级以太网业务为主，兼容 TDM、ATM 和 FC 等业务的综合传送技术。PTN 技术基于分组的架构，继承了 MSTP 的理念，融合了 Ethernet 和 MPLS 的优点，成为下一代分组承载的技术选择。

7.1.2　PTN 技术特点

PTN 网络是 IP/MPLS、以太网和传送网三种技术相结合的产物，具有面向连接的传送特征，适用于承载电信运营商的无线回传网络、以太网专线、L2 VPN 以及 IPTV 等高品质的多媒体数据业务。PTN 网络具有以下技术特点。

1. 多业务统一承载

采用 PWE3 仿真技术，兼容 TDM、ATM、FR 等业务，支持隧道技术，全面满足全业务发展需要，降低网络 TCO，如图 7-2 所示。

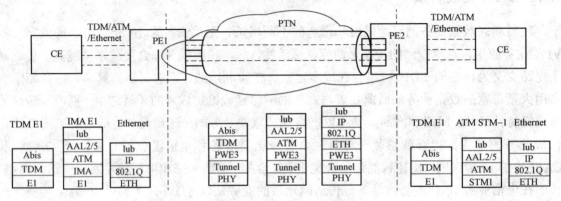

图 7-2　多业务统一承载

2. 智能感知业务、提供端到端的区分服务

业务感知有助于根据不同的业务优先级采用合适的调度方式，如图 7-3 所示。具体做法如下：

（1）网络入口：识别用户业务，进行接入控制，将业务的优先级映射到隧道的优先级。

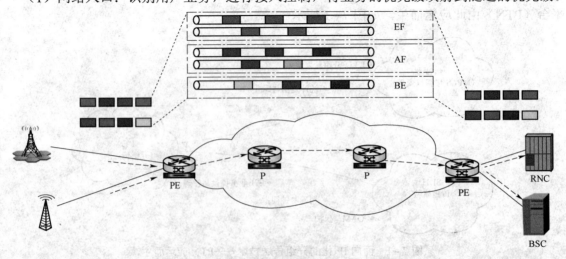

图 7-3　提供端到端的区分服务

（2）转发节点：根据隧道优先级进行调度，采用 PQ、PQ＋DRR、PQ＋WFQ 等方式。

（3）网络出口：弹出隧道层标签，还原业务自身携带的 QoS 信息。

3. 高精度时钟同步技术支撑传送网络分组化

采用 IEEE 1588V2＋G.8261 方案，有效提高时间同步精度。支持 SSM、BMC 协议，实现时间链路的自动保护倒换，保证时间的可靠传送需求。同时支持带内（Ethernet）和带外（1PPS＋TOD）同步接口，部署灵活。100%负载流量情况下精度稳定，满足业务大规模组网下基站同步需求，如图 7-4 所示。

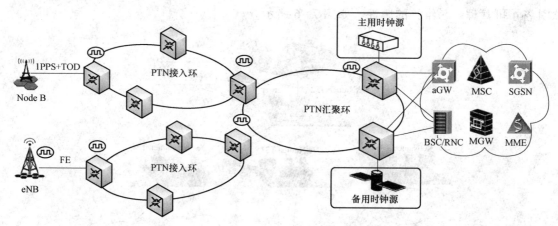

图 7-4　高精度时钟同步技术

4. 精细化业务监控

具有电信级的 OAM 能力，支持多层次的 OAM 及其嵌套，为业务提供故障管理和性能管理。PTN 的 OAM 功能，基于硬件机制分层监控，实现快速故障检测和定位、性能监测、端到端业务管理，支持连续和按需的 OAM，保证分组传送网络中业务的电信级服务质量。基于物理端口、逻辑链路、隧道、伪线等各种粒度的层次化的 OAM，使网络运维更透明，操作管理更简便，如图 7-5 所示。

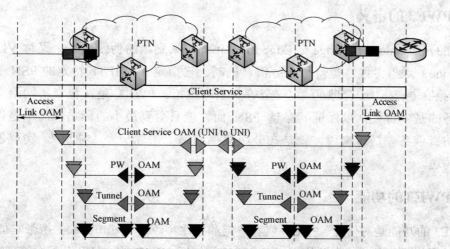

图 7-5　强大的层次化 OAM 功能

5. 全程电信级保护机制

PTN 具有业内最全面的电信级保护机制。具备完善的设备级保护、网络级保护以及网络边缘级保护功能，确保 50 ms 快速倒换，采用多重保护，可靠性达到电信级 99.999%。

6. 统一的网络管理

采用中兴统一网管平台 NetNumen，实现 PTN、SDH/MSTP、WDM、OTN 统一管理。提供端到端的路径创建和管理功能，提供强大的 QoS、OAM 管理功能，以及实时告警和性能监控功能。符合传统传送网要求的网元管理和友好界面，易于操作和维护，使分组网络首次具备了可管理、易维护的属性，如图 7-6 所示。

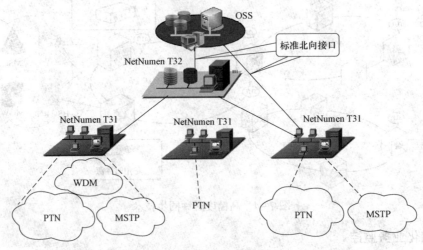

图 7-6　统一的网络管理

7.2　知识准备：PTN 关键技术 PWE3

7.2.1　PWE3 的定义

PWE3（Pseudo Wire Edge to Edge Emulation）端到端的伪线仿真，又称 VLL（Virtual Leased Line）虚拟专线，是一种业务仿真机制。它指定了在 IETF 特定的 PSN 上提供仿真业务的封装/传送/控制/管理/互联/安全等一系列规范。PWE3 是在包交换网络上仿真电信网络业务的基本特性，以保证其穿越 PSN 而性能只受到最小的影响，而不是许诺完美再现各种仿真业务。简单来说，就是在分组交换网络上搭建一个"通道"，实现各种业务的仿真及传送。

7.2.2　PWE3 的功能

PWE3 的功能是对信元、PDU，或者特定业务比特流的入端口封装；携带它们通过 IP 或者 MPLS 网络进行传送；在隧道端点建立 PW，包括 PW ID 的交换和分配；管理 PW 边界的信令、定时、顺序等与业务相关的信息；业务的告警及状态管理等。

7.2.3 PWE3 的仿真原理

隧道提供端到端（即 PE 的 NNI 端口之间）的连通性，在隧道端点建立和维护 PW，用来封装和传送业务。用户的数据报经封装为 PW PDU 之后通过隧道 Tunnel 传送，对于客户设备而言，PW 表现为特定业务独占的一条链路或电路，称之为虚电路 VC，不同的客户业务由不同的伪线承载，此仿真电路行为称作"业务仿真"，如图 7-7 所示。

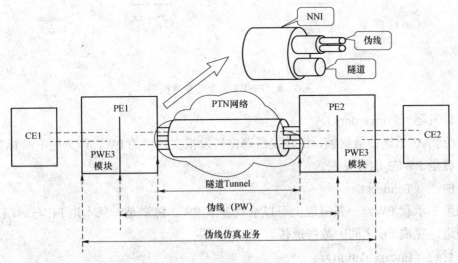

图 7-7 PWE3 的仿真原理

伪线在 PTN 内部网络不可见，网络的任何一端都不必去担心其所连接的另外一端是否是同类网络。边缘设备 PE 执行端业务的封装/解封装，管理 PW 边界的信令、定时、顺序等与业务相关的信息，管理业务的告警及状态等，并尽可能真实地保持业务本身具有的属性和特征。客户设备 CE 感觉不到核心网络的存在，认为处理的业务都是本地业务。

7.2.4 PWE3 业务网络基本要素

如图 7-8 所示，PWE3 业务网络的基本传输构件包括：

（1）接入链路（Attachment Circuit，AC）。

接入链路是 CE 到 PE 之间的连接链路或虚链路。在 AC 上的用户数据可根据需要透传到对端 AC。

（2）伪线（Pseudo Wire，PW）。

伪线也可以称之为虚连接，就是 VC 加隧道，隧道可以是 LSP（标签交换路径）、L2TPV3，或者是 TE。虚连接是有方向的，PWE3 中虚连接的建立需要通过信令（LDP 或者 RSVP）来传递 VC 信息，将 VC 信息和隧道管理，形成一个 PW。PW 对于 PWE3 系统来说，就像是一条本地 AC 到对端 AC 之间的一条直连通道，完成用户的二层数据透传。也可以简单理解为一条 PW 代表一条业务。

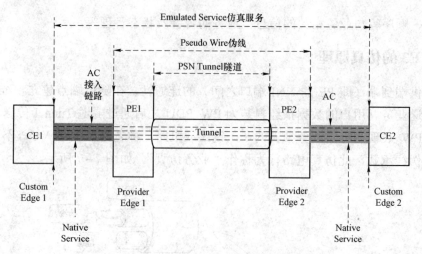

图 7-8　PWE3 的业务参考模型

（3）转发器（Forwarders）。

PE 收到 AC 上送的数据帧，由转发器选定转发报文使用的 PW，即分配 PW 标签，转发器事实上就是 PWE3 的转发表。

（4）隧道（Tunnels）。

隧道用于承载 PW，一条隧道上可以承载多条 PW。隧道是一条本地 PE 与对端 PE 之间的直连通道，完成 PE 之间的数据透传。

（5）封装（Encapsulation）。

PW 上传输的报文使用标准的 PW 封装格式和技术。

（6）PW 信令协议（Pseudowire Signaling）。

PW 信令协议是 PWE3 的实现基础，用于创建和维护 PW。目前，PW 信令协议主要有 LDP 和 RSVP。

（7）服务质量（Service Quality）。

根据用户二层报文头的优先级信息，映射成在公用网络上传输的 QoS 优先级来转发。

7.2.5　PWE3 业务承载

PWE3 的多业务统一承载特性，支持 TDM E1/IMA E1/POS STM-N/chSTM-N/FE/GE/10GE 等多种接口。PWE3 可实现 TDM、ATM/IMA、Ethernet 等多种业务的统一承载。采用统一的分组传送平台，降低 CapEx 和 OpEx。

1）TDM to PWE3 实现过程

PWE3 支持传统 TDM 业务的仿真传送。TDM 电路仿真要求在分组交换网络的两端都要有交互连接功能。在分组交换网络入口处，交互连接功能将 TDM 数据转换成一系列分组，而在分组交换网络出口处则利用这一系列分组再重新生成 TDM 电路，如图 7-9 所示。

2）ATM to PWE3 实现过程

通过 PWE3 实现 ATM 的业务感知和按需配置。ATM/IMA：支持 VPI/VCI 交换和空闲信元去除，如图 7-10 所示。

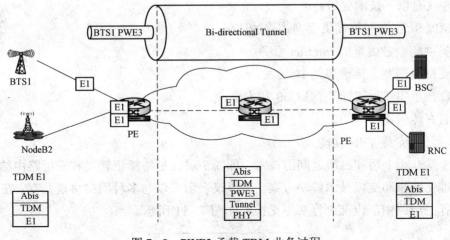

图 7-9　PWE3 承载 TDM 业务过程

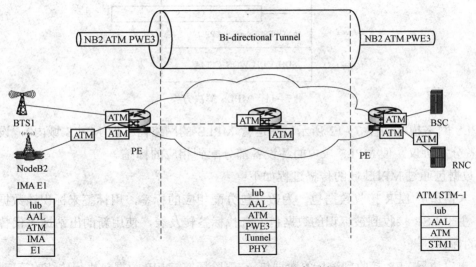

图 7-10　PWE3 承载 ATM 业务过程

3）ETH to PWE3 实现过程

PWE3 支持 ETH 业务的仿真传送，支持 E-LINE、E-LAN、E-TREE 业务。

7.3　知识准备：PTN 关键技术分组传送技术

7.3.1　MPLS 技术

MPLS 全称是 Multi-Protocol Label Switching（多协议标签交换）。具有特点：① 多协议：可支持任意的网络层协议（如 IPv6、IPX）和链路层协议（如 ATM、FR、PPP 等）。② 标签交换：给报文打上固定长度的标签，以标签取代 IP 转发过程。

MPLS 具有以下技术优势：

（1）MPLS 为 IP 网络提供面向连接的服务。

（2）提供高服务质量的 Internet 服务。

（3）支持高带宽、高速率的 IP 转发。

（4）在提供 IP 业务时能确保 QoS 和安全性。

（5）具有流量工程能力。

（6）较好地支持 VPN 功能。

MPLS 是介于二层和三层之间的技术，即 2.5 层，是将标记转发和三层路由结合在一起的一种标准化路由和交换技术解决方案。多协议表示可以与多种网络协议共存。在 MPLS 网络边缘进行三层路由，内部进行二层交换，如图 7-11 所示。

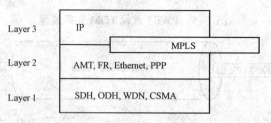

图 7-11　MPLS 解决方案

MPLS 网络模型如图 7-12 所示。在运营 MPLS 的网络内（即 MPLS 域内），设备之间运行标签分发协议，使 MPLS 域内的各设备都分配到相应的标签。

IP 数据包通过 MPLS 域的传播过程如下：

① 入口边界 LER 接收数据包，为数据包分配相应的标签，用标签来标识该数据包。

② 主干 LSR 接收到被标识的数据包，查找标签转发表，使用新的出站标签代替输入数据包中的标签。

③ 出口边界 LER 接收到该标签数据包，它删除标签，对 IP 数据包执行传统的第三层查找。

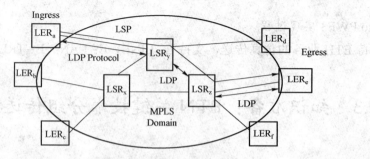

图 7-12　MPLS 网络模型

其中用到以下关键术语：

（1）标签（Label）。

一个特定长度的整数，通常只具有局部意义的标识，这些标签通常位于数据链路层的二层封装头和三层数据包之间，标签通过绑定过程同 FEC 相映射。

（2）转发等价类（FEC）。

在转发过程中以等价的方式处理的一组数据分组，可以通过地址、隧道、COS 等来标识创建 FEC。通常在一台设备上，对一个 FEC 分配相同的标签。

（3）标签交换路径（LSP）。

一个 FEC 的数据流，在不同的节点被赋予确定的标签，数据转发按照这些标签进行。数据流所走的路径就是 LSP。

（4）标签交换路由器（LSR）。

MPLS 的网络的核心路由器，完成 LSP 的建立和下一跳改变的发起，提供标签交换和标签分发功能。

（5）边缘标签交换路由器（LER）。

主要完成 FEC 的划分、流量工程、LSP 建路发起、IP 包转发、Diff-Serv 等任务。在 MPLS 的网络边缘，进入到 MPLS 网络的流量由 LER 分为不同的 FEC，并为这些 FEC 请求相应的标签。它提供流量分类和标签的映射、标签的移除功能。

（6）标签分发协议（LDP）。

在 MPLS 域内运行从而实现设备之间的标签分配。

在 MPLS 网络中标签交换路径 LSP 的形成分为三个过程：

① 网络启动之后在路由协议（如 BGP、OSPF、IS-IS 等）的作用下，各个节点建立自己的路由表，如图 7-13 所示。

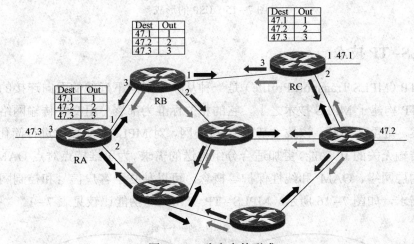

图 7-13　路由表的形成

② 根据路由表，各个节点在 LDP 的控制之下建立标签交换转发信息库 LIB，如图 7-14 所示。

③ 将入口 LSR、中间 LSR 和出口 LSR 的输入输出标签互相映射拼接起来后，就构成了一条 LSP，如图 7-15 所示。

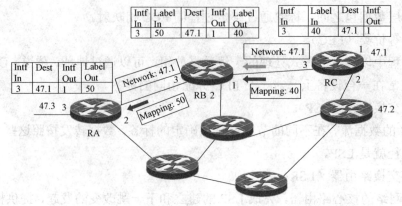

图 7-14   LIB 的形成

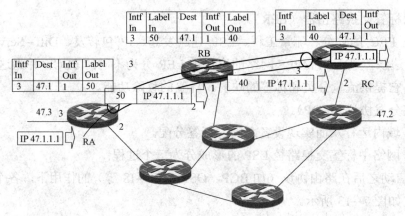

图 7-15   LSP 的形成

7.3.2   MPLS-TP 技术

MPLS-TP（MPLS Transport Profile）是一种从核心网向下延伸的面向连接的分组传送技术。MPLS-TP 构建于 MPLS 技术之上，它的相关标准为部署分组交换传输网络提供了电信级的完整方案。更重要的是，该技术基于 IP 核心网，对 MPLS/PW 技术进行简化和改造，去掉了那些与传输无关的 IP 功能，更加适合分组传送的需求。为了维持点对点 OAM 的完整性，引入了传送的层网络、OAM 和线性保护等概念，可以独立于客户信号和控制网络信号，符合传送网的需求，如图 7-16 所示。MPLS-TP 与 MPLS 功能比较见表 7-1。

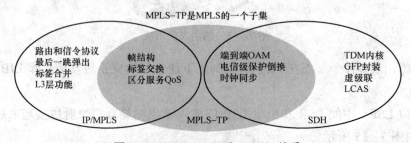

图 7-16   MPLS-TP 与 MPLS 关系

表7-1　MPLS-TP 与 MPLS 功能比较

功能项	IP/MPLS	MPLS-TP
IP 路由和控制信令	支持 LDP、RSVP、CR-LDP、RSVPTE 等控制信令	可以支持简化的控制平面 GMPLS
PHP 功能	支持	不支持
标签合并	支持	不支持
帧结构	支持	支持
标签交换	支持，使用单向 LSP，支持 LSP 的聚合	支持，使用双向的 LSP，提供双向的连接，不支持 LSP 的聚合
QoS 区分服务	支持	支持
端到端 OAM	支持 MPLS OAM，功能较弱。仅仅支持简单的连通性检查和 APS 倒换	全面集成了 T-MPLS 技术的 OAM 功能，进一步完善 RT、DT-DPL 等功能
1588 时间同步	路由器普遍采用 NTP 协议，精度为 ms 级别；不能满足传送网络同步需求	支持 G.8261 和 1588v3 时间同步协议，满足承载网络同步需求
电信级保护	受制于 MPLS OAM 技术，缺乏环网保护能力	支持路径保护、环网保护、LAG 保护、FRR 保护等技术，提供电信级网络可靠性
与 IP/MPLS 核心网络互通	支持	在吸纳 T-MPLS 优势的基础上，注重同 IP/MPLS 网络的互通设计，更好地支持与运营商的 IP/MPLS 核心网互通

　　MPLS-TP 网络从上至下可分为：MPLS-TP 通道层（TMC）、MPLS-TP 通路层（TMP）、MPLS-TP 段层（TMS）和传输媒介层，如图 7-17 所示。

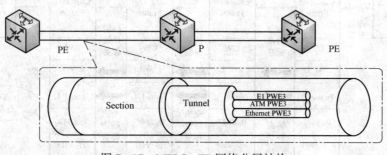

图7-17　MPLS-TP 网络分层结构

　　通道层（TMC）：为客户提供端到端的传送网络业务，即提供客户信号端到端的传送。TMC 等效于 PWE3 的伪线层（或虚电路层）。

　　通路层（TMP）：表示端到端的逻辑连接的特性，提供传送网络隧道，将一个或多个客户业务封装到一个更大的隧道中，以便于传送网络实现更经济有效的传递、交换、OAM、保护和恢复。TMP 等效于 MPLS 中的隧道层。

　　段层（TMS）：段层可选，表示相邻节点间的虚连接，保证通路层在两个节点之间信息传递的完整性，比如 SDH、OTH（Optical Transport Hierarchy）、以太网或者波长通道。

传输媒介层：支持段层网络的传输媒质，比如光纤、无线等。

MPLS-TP 的报文封装如图 7-18 所示。其中各模块含义解释如下：

① Customer Frame：用户数据，净荷（可包含用户 VLAN）一共需要在用户报文上增加 30 字节。

② CW：伪线控制字，4 字节。

③ PW_L：伪线标签（TMC），4 字节。

④ Tunnel_L：隧道标签 Label（TMP），4 字节。

⑤ 0x8847：PW Over MPLS-TP 标识，2 字节。

⑥ B-VID：外层 VLAN tag，2 字节。

⑦ 0x8100：以太网数据帧标识，2 字节。

⑧ B-SA：以太网封装源 MAC，6 字节。

⑨ B-DA：以太网封装目的 MAC（Tunnel_L 隧道标签确定转发路径，其中 B-DA 为下一跳节点 MAC 地址），6 字节。

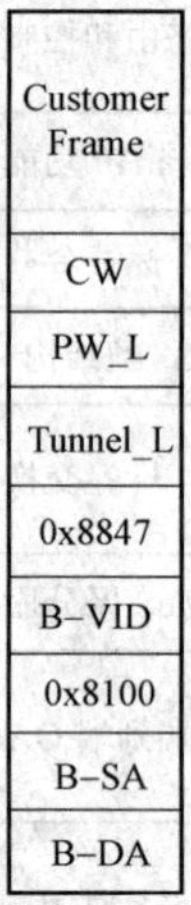

图 7-18 MPLS-TP 的报文封装

报文转发过程如图 7-19 所示。客户边缘设备 CE1 与服务提供商边缘设备 PE1 相连，PE1 对要传输的用户数据（Customer Frame）进行打包封装处理，再通过伪线进行传输。转发过程中伪线标签保留，每个 P 节点转发时会交换隧道标签，更新下一跳 MAC 地址。在接收端，PE2 对接收到的业务进行帧校验、重新排序等处理，还原成原始用户数据，交给客户端设备 CE2。

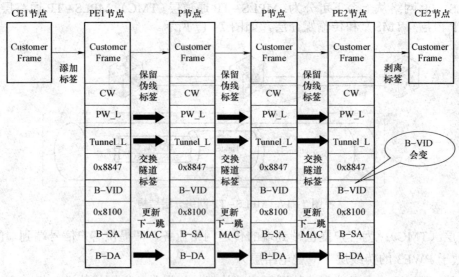

图 7-19 报文转发过程

7.4 知识准备：PTN 关键技术 OAM

7.4.1 OAM 基本概念

OAM：Operation，Administration and Maintenance，简称操作管理维护。

操作：主要完成日常的网络状态分析、告警监视和性能控制活动，如故障检测、故障分类、故障定位、故障通告等。

管理：是对日常网络和业务进行的分析、预测、规划和配置工作，如性能监视、性能分析、性能管理控制等。

维护：主要是对网络及其业务的测试和故障管理等进行的日常操作活动，如保护机制、恢复机制等。

7.4.2 MPLS-TP OAM

PTN OAM 具备像 SDH 一样的分层架构与端到端管理维护能力。分层监控，实现快速故障检测和故障定位。PTN OAM 仿照 SDH 的设计达到电信级标准，OAM 功能由硬件实现，可实现固定 3.3 ms OAM 协议报文监控。OAM 可以应用于三个层面的检测，分别是：TMC 层的 OAM，检测 PWE3 伪线是否有故障 ；TMP 层的 OAM 检测，检测整个隧道；TMS 层的检测，保护的是隧道的段层。

MPLS-TP OAM 功能见表 7-2。

表 7-2　MPLS-TP OAM 功能

告警管理功能	性能管理功能	其他 OAM 功能
CC	LM	APS
AIS	DM	MCC
RDI		CSF
LB		SCC
LT		SSM
Lck		
TST		

7.5 知识准备：ZXCTN 6200、6300 设备硬件介绍

7.5.1 中兴 PTN 产品介绍

中兴通讯的 PTN（Packet Transport Network）产品包括 ZXCTN 6100、ZXCTN 6200、

ZXCTN 6300、ZXCTN 9004 和 ZXCTN 9008，可以满足从接入层到骨干层的所有应用。

ZXCTN 6100 作为紧凑型融合的 IP 传送平台，为盒式设备，主要定位于网络接入层，可用作多业务接入设备和边缘网关设备。产品外观如图 7-20 所示。

ZXCTN 6200 和 ZXCTN 6300 为机架式设备，采用分组交换架构，提供设备级关键单元冗余保护。ZXCTN 6200 主要定位于网络接入层和小容量的汇聚层，ZXCTN 6300 主要定位于网络的汇聚层。产品外观如图 7-21 和图 7-22 所示。

ZXCTN 9004 和 ZXCTN 9008 为机架式设备，主要定位于网络的汇聚核心层，采用先进的分布式、模块化设计架构，支持大容量的交换矩阵。产品外观如图 7-23 和图 7-24 所示。

中兴 ZXCTN 系列产品的交换容量、高度、业务槽位详细情况见表 7-3。

图 7-20　ZXCTN 6100 产品外观

图 7-21　ZXCTN 6200

图 7-22　ZXCTN 6300

图 7-23　ZXCTN 9004

图 7-24　ZXCTN 9008

表 7-3　中兴 ZXCTN 系列产品详细情况

	ZXCTN 6100	ZXCTN 6200	ZXCTN 6300	ZXCTN 9004	ZXCTN 9008
交换容量（双向）	6 G	88 G	176 G	800 G	2.24 T
高度	1U	3U	8U	9U	20U
业务槽位	2	4	10	16/8/4	32/16/8

7.5.2　ZXCTN 6200&6300 产品概述

ZXCTN 6200&6300 是中兴通讯推出的面向分组传送的电信级多业务承载产品，专注于移动 Backhual 和多业务网络融合的承载和传送。ZXCTN 6200 可有效满足各种接入层业务或小容量汇聚层的传送要求。ZXCTN 6300 可有效满足各种汇聚层的传送要求。它们在网络中的定位如图 7-25 所示。

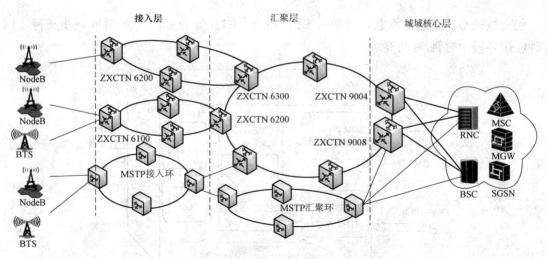

图 7-25 ZXCTN 6200&6300 设备在网络中的定位

ZXCTN 6200&6300 具有如下功能：

（1）支持二层功能：以太网基本功能、VLAN 功能、QinQ 功能、MAC 功能、STP 功能、链路聚合功能、DHCP 功能、802.1x NAC 认证功能、组播功能。

（2）支持三层基本功能及三层路由协议功能。

（3）支持 MPLS 功能：MPLS L2 VPN、MPLS L3 VPN、MPLS TE。

（4）采用 MPLS-TP 网络技术，支持 MPLS-TP OAM 和以太网 OAM 功能。

（5）系统具备 Ethernet、TDM 和 ATM 等多业务的传送功能。

（6）提供有保障的 QoS。

（7）低于 50 ms 的保护倒换时间。

（8）支持 MPLS-TP OAM 和以太网 OAM 功能。

（9）满足 MEF 定义的 E-Line、E-LAN 和 E-Tree 业务模型。

（10）支持多种 L2 VPN 业务类型。

（11）传送满足 2G/3G 移动通信基站要求的同步时钟和时间信息。

ZXCTN 6200&6300 适用于多种解决方案：

（1）移动基站 Backhaul 业务的接入和传送。

（2）大客户专线业务的接入和传送。

（3）NGN（Next Generation Network）业务的接入和传送。

（4）IPTV（Internet Protocol Television）业务的接入和传送。

（5）VOD（Video On Demand）/VoIP（Voice over IP）业务的接入和传送。

（6）L2 VPN、L3 VPN 业务的接入和传送。

（7）公众客户 Internet 业务的接入和传送。

7.5.3 系统结构

ZXCTN 6200&6300 产品架构如图 7-26 所示。数据、控制、管理三个平面相互独立设计。包交换核心，多业务承载，可接入 E1、ATM、ETH 等业务。时钟/时间同步支持，满足各种应用环境中时钟/时间要求。

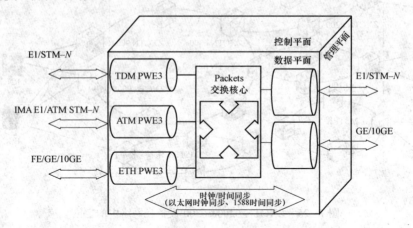

图 7-26　ZXCTN 6200&6300 产品架构

ZXCTN 6200 子架槽位如图 7-27 所示，子架板位资源见表 7-4，单板命名和槽位列表见表 7-5。

风扇 Slot9	电源板 Slot7	Slot1 低速 LIC 板卡 8 Gb/s	Slot2 低速 LIC 板卡 8 Gb/s
		Slot5 交换主控时钟板	
	电源板 Slot8	Slot6 交换主控时钟板	
		Slot3 高速 LIC 板卡 10 Gb/s	Slot4 高速 LIC 板卡 10 Gb/s

图 7-27　ZXCTN 6200 子架槽位图

表 7-4　ZXCTN 6200 子架板位资源

槽位号	接入容量	可插单板
1#~2#	8 GE	R8EGF、R8EGE、R4EGC、R4CSB、R4ASB、R16E1F、R4GW、R4CPS
3#、4#	4/10GE	R1EXG、R8EGF、R8EGE、R4EGC、R4CSB、R4ASB、R16E1F、R4GW、R4CPS
5#、6#	—	RSCCU2
7#、8#	—	RPWD2
9#	—	RFAN2
功能类单板的槽位固定，业务接口板的槽位不固定		

表 7-5　ZXCTN 6200 单板命名和槽位列表

单板类型	单板代号	单板名称	插槽位置
处理板	RSCCU2	主控交换时钟单元板	5#、6#槽位
业务板	R1EXG	1 路增强型 10GE 光口板	3#、4#槽位
	R8EGF	8 路增强型千兆光口板	1#~4#槽位
	R8EGE	8 路增强型千兆电口板	

续表

单板类型	单板代号	单板名称	插槽位置
业务板	R4EGC	4 路增强型千兆 Combo 板	1#～4#槽位
	R4CSB	4 路通道化 STM－1 板	
	R4ASB	4 路 ATM STM－1 板	
	R4GW	网关板	
	R4CPS	4 端口通道化 STM－1 PoS 单板	
	R16E1F	16 路前出线 E1 板	
电源板	RPWD2	直流电源板	7#、8#槽位
风扇板	RFAN2	风扇板	9#槽位

ZXCTN 6300 子架槽位如图 7-28 所示，子架板位资源见表 7-6。

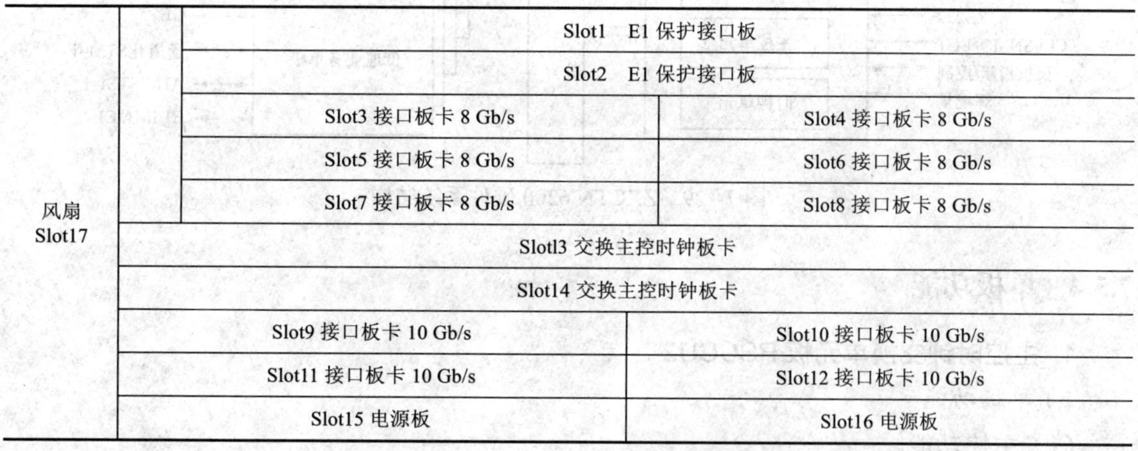

风扇 Slot17	Slot1　E1 保护接口板	
	Slot2　E1 保护接口板	
	Slot3 接口板卡 8 Gb/s	Slot4 接口板卡 8 Gb/s
	Slot5 接口板卡 8 Gb/s	Slot6 接口板卡 8 Gb/s
	Slot7 接口板卡 8 Gb/s	Slot8 接口板卡 8 Gb/s
	Slotl3 交换主控时钟板卡	
	Slot14 交换主控时钟板卡	
	Slot9 接口板卡 10 Gb/s	Slot10 接口板卡 10 Gb/s
	Slot11 接口板卡 10 Gb/s	Slot12 接口板卡 10 Gb/s
	Slot15 电源板	Slot16 电源板

图 7-28　ZXCTN 6300 子架槽位图

表 7-6　ZXCTN 6300 子架板位资源

槽位号	接入容量	可插单板
1#～2#	8GE	RE1PI
3#～8#	8GE	R8EGF、R8EGE、R4EGC、R4CSB、R4ASB、R16E1F、R16E1B、R4GW、R4CPS
9#～12#	10GE	R1EXG
13#、14#	—	RSCCU3
15#、16#	—	RPWD3、RPWA3
17#	—	RFAN3
功能类单板的槽位固定，业务接口板的槽位不固定		

ZXCTN 6200 采用集中式架构，以主控交换时钟板为核心，集中完成主控、交换和时钟三大功能，并通过背板与其他单板通信。系统的业务槽位可插入不同的业务单板，对外提供多种业务接口。系统采用两块 1＋1 热备份的−48 V 电源板供电，保证设备的安全运行。硬件

系统结构如图 7-29 所示。

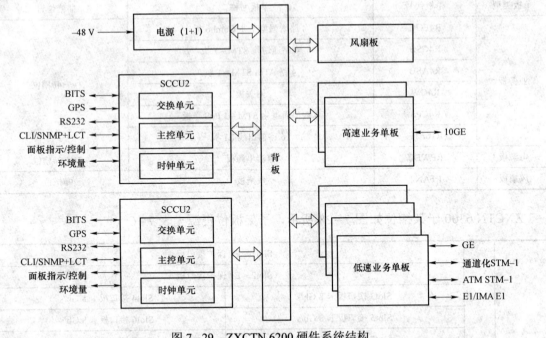

图 7-29 ZXCTN 6200 硬件系统结构

7.5.4 单板功能

1. 主控时钟交换单元板 RSCCU2

1）单板功能

（1）主控功能。

① 实现系统控制与通信、网管命令处理。

② 实现单板管理、单板性能事件和告警信息收集上报。

③ 运行路由协议，维护路由转发表。

④ 提供网管接口 Qx 和本地维护终端接口 LCT。

⑤ 提供告警输入接口，可支持 4 路外部告警输入。

⑥ 提供告警输出接口，可支持 3 路设备告警输出。

⑦ 支持主控、交叉和时钟单元 1+1 热备份。

（2）交换功能。

① 实现业务转发、调度。

② 支持 44GE 交换容量。

（3）时钟同步功能。

① 产生系统同步时钟。

② 提供 1 对 BITS 外时钟输入/输出接口（2 Mb/s 和 2 MHz 可选）。

③ 提供 1 对 GPS 时钟输入/输出接口，可支持相位同步信息和绝对时间值的输入/输出。

2）面板说明

主控时钟交换单元板 RSCCU2 面板见图 7-30。接口说明见表 7-7。指示灯状态说明见表 7-8。

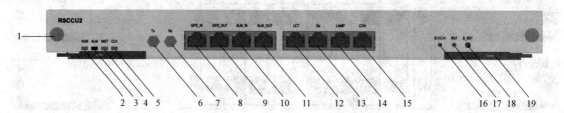

1—松不脱螺钉；2—单板运行指示灯 RUN；3—单板告警指示灯 ALM；4—单板主备指示灯 MST；5—时钟运行状态指示灯 CLK；
6—BITS 接口 Tx；7—BITS 接口 Rx；8—时间接口 GPS_IN；9—时间接口 GPS_OUT；10—告警输入接口 ALM_IN；
11—告警输出接口 ALM_OUT；12—本地维护终端接口 LCT；13—网管接口 Qx；14—设备运行指示灯接口 LAMP；
15—设备调试接口 CON；16—单板强制倒换按钮 EXCH；17—单板复位按钮 RST；18—截铃按钮 B_RST；19—扳手

图 7-30　主控时钟交换单元板 RSCCU2 面板

表 7-7　接口说明

接口	功能	描　述
BITS	BITS 时钟接口	外时钟 2 Mb/s（2 MHz）的输入输出，TTL 电平
GPS_IN	外时钟输入	支持相位同步信息（秒脉冲 1 PPS，TTL 电平）和绝对时间值的输入（即 TOD）
GPS_OUT	外时钟输出	支持相位同步信息（秒脉冲 1 PPS，TTL 电平）和绝对时间值的输出（即 TOD）
ALM_IN	外部告警输入	支持 4 路外部告警输入，用于接收其他设备传递过来的告警信息
ALM_OUT	外部告警输出	支持 3 路告警输出，用于发送本机产生的告警到其他设备
LCT	管理端口	用于以太网远程登录
Qx	网管端口	用于连接中兴网管系统
LAMP	指示灯端口	用于连接机柜告警指示灯
CON	即 Console 口，是系统基本配置端口	用于 ZXCTN 6300 系统的基本配置和维护

表 7-8　指示灯状态说明

单板运行状态	指示灯状态			
	RUN（绿灯）	ALM（红灯）	MST（绿灯）	CLK（绿灯）
单板正常运行，无告警	0.5 次/s 周期闪烁	灭	—	—
单板正常运行，有告警	0.5 次/s 周期闪烁	0.5 次/s 周期闪烁或长亮	—	—
单板正常运行，主备同步数据（备用板）	0.5 次/s 周期闪烁	长亮	—	—
处于主用状态	—	—	长亮	—
处于备用状态	—	—	长灭	—
时钟锁定（正常跟踪）	—	—	—	1 次/s 周期闪烁
时钟保持	—	—	—	长亮
时钟快速捕捉	—	—	—	5 次/s 周期闪烁
时钟自由振荡	—	—	—	0.5 次/s 周期闪烁

3）端口保护

当在 5#、6#槽位配置两块 RSCCU2 时，所有的端口都是上下对应保护。如图 7–31 所示。

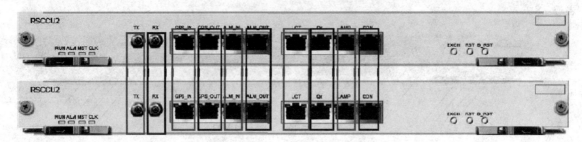

图 7–31　RSCCU2 端口保护

2. 增强型千兆 Combo 板 R4EGC

1）单板功能

（1）R4EGC 实现 4 路 FE/GE 业务处理。

（2）提供 4 个千兆 SFP 光接口和 4 个千兆以太网电接口。

相同编号的光接口和电接口不能同时使用，只能任选其一使用。例如，第 1 路电接口处于工作状态时，第 1 路光接口将处于失效状态。

使用方法有六种：

（1）同时使用 4 个端口；

（2）4 光口；

（3）4 电口；

（4）2 光口+2 电口；

（5）1 光口+3 电口；

（6）3 光口+1 电口。

2）面板说明

增强型千兆 Combo 板 R4EGC 面板如图 7–32 所示。接口说明见表 7–9。单板运行状态指示灯说明见表 7–10。GE 光口指示灯状态说明见表 7–11。GE 电口指示灯状态说明见表 7–12。

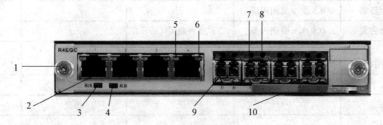

图 7–32　R4EGC 面板

1—松不脱螺钉；2—GE 以太网电接口；3—单板运行指示灯；4—单板告警指示灯；5—GE 以太网电接口 ACT 指示灯；
6—GE 以太网电接口 LINK 指示灯；7—GE 以太网光接口 ACT 指示灯；8—GE 以太网光接口 LINK 指示灯；
9—GE 以太网光接口；10—扳手

表 7-9　接口说明

项　目		描　述
接口	GE（电）	4 路 GE 以太网电接口，采用 RJ45 插座
	GE（光）	4 路 GE 以太网光接口，采用可插拔的 SFP 光模块
接口指示灯	ACT（电）	黄色灯，指示电接口的 ACTIVE 状态
	LINK（电）	绿色灯，指示电接口的 LINK 状态
	ACT（光）	绿色灯，指示光接口的 ACTIVE 状态
	LINK（光）	绿色灯，指示光接口的 LINK 状态

表 7-10　单板运行状态指示灯说明

运行状态	指示灯状态	
	RUN（绿灯）	ALM（红灯）
单板正常运行，无告警	0.5 次/s 周期闪烁	灭
单板正常运行，有告警	0.5 次/s 周期闪烁	0.5 次/s 周期闪烁或长亮

表 7-11　GE 光口指示灯状态说明

运行状态	指示灯状态	
	LINK n（n 为 1~4）（绿灯）	ACT n（n 为 1~4）（绿灯）
接口接收光信号（未连接）	长亮	长灭
接口无接收光信号	长灭	长灭
接口处于连接状态	长亮	长亮
接口处于无连接状态	—	长灭
接口收发数据	长亮	5 次/s 周期闪烁

表 7-12　GE 电口指示灯状态说明

运行状态	指示灯状态	
	LINK n（n 为 1~4）（绿灯）	ACT n（n 为 1~4）（绿灯）
接口处于连接状态	长亮	长亮
接口处于无连接状态	长灭	长灭
接口收发数据	长亮	5 次/s 周期闪烁

3. 增强型千兆电口板 R8EGE

1）单板功能

R8EGE 实现 8 路 FE/GE 电业务处理。

2）面板说明

R8EGE 面板如图 7-33 所示。

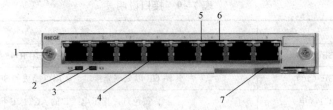

1—松不脱螺钉；2—单板运行指示灯；3—单板告警指示灯；4—GE 以太网电接口；
5—GE 以太网电接口 ACT 指示灯；6—GE 以太网电接口 LINK 指示灯；7—扳手
图 7-33　增强型千兆电口板 R8EGE 面板

接口说明见表 7-13。单板指示灯与 R4EGC 面板一致，单板运行状态指示灯说明见表 7-10。GE 电口指示灯状态说明见表 7-14。

表 7-13　接口说明

项　目		描　述
接口	GE	8 路 GE 以太网电接口，采用 RJ45 插座
接口指示灯	ACT	黄色灯，指示电接口的 ACTIVE 状态
	LINK	绿色灯，指示电接口的 LINK 状态

表 7-14　GE 电口指示灯状态说明

运行状态	指示灯状态	
	LINK n（n=1, 2, …, 8）（绿灯）	ACT n（n=1, 2, …, 8）（黄灯）
接口处于连接状态	长亮	长亮
接口处于无连接状态	长灭	长灭
接口收发数据	长亮	5 次/s 周期闪烁

4. 增强型千兆光口板 R8EGF

1）单板功能

R8EGF 实现 8 路 FE/GE 光业务处理。

2）面板说明

R8EGF 面板如图 7-34 所示。

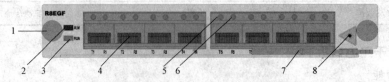

1—松不脱螺钉；2—单板运行指示灯；3—单板告警指示灯；4—GE 以太网光接口；5—GE 以太网光接口 ACT 指示灯；
6—GE 以太网光接口 LINK 指示灯；7—扳手；8—激光警告标识
图 7-34　增强型千兆光口板 R8EGF 面板

接口说明见表 7-15。单板指示灯与 R4EGC 面板一致，单板运行状态指示灯说明见表 7-10。GE 电口指示灯状态说明见表 7-16。

表 7-15　接口说明

项　　目		描　　述
接口	GE	8 路 GE 以太网光接口，采用可插拔的 SFP 光模块
接口指示灯	ACT	绿色灯，指示电接口的 ACTIVE 状态
	LINK	绿色灯，指示电接口的 LINK 状态

表 7-16　GE 电口指示灯状态说明

运行状态	指示灯状态	
	LINK n（n=1, 2, …, 8）（绿灯）	ACT n（n=1, 2, …, 8）（绿灯）
接口处于连接状态	长亮	长亮
接口处于无连接状态	长灭	长灭
接口收发数据	长亮	5 次/s 周期闪烁

5. 增强型 10 GE 光口板 R1EXG

1）单板功能

R1EXG 实现 1 路 10 GE 光业务处理。

2）面板说明

R1EXG 面板如图 7-35 所示。

1—10 GE 以太网光接口 ACT 指示灯；2—10 GE 以太网光接口 LINK 指示灯；3—10 GE 以太网光接口
图 7-35　增强型 10 GE 光口板 R1EXG

接口说明见表 7-17。单板指示灯与 R4EGC 面板一致，单板运行状态指示灯说明见表 7-10。10 GE 光口指示灯状态说明见表 7-18。

表 7-17　接口说明

项　　目		描　　述
接口	10 GE	1 路 10 GE 以太网光接口，采用可插拔的 XFP 光模块
接口指示灯	ACT	绿色灯，指示光接口的 ACTIVE 状态
	LINK	绿色灯，指示光接口的 LINK 状态

表 7-18　10 GE 光口指示灯状态说明

运行状态	指示灯状态	
	LINK（绿灯）	ACT（绿灯）
接口接收光信号（未连接）	长亮	长灭
接口无接收光信号	长灭	长灭
接口处于连接状态	长亮	长亮
接口处于无连接状态	—	长灭
接口收发数据	长亮	5 次/s 周期闪烁

6. 前出线 E1 板 R16E1F

1）单板功能

E1 电路仿真单板，实现 TDM E1 或 IMA E1 业务的接入和承载。UNI 侧实现 TDM E1 或 IMA E1 业务的接入和承载，网管显示为 R16E1F-（TDM+IMA）。NNI 侧则实现 ML-PPP 工作方式，网管显示为 R16E1F-（MLPPP）。

2）面板说明

R16E1F 面板如图 7-36 所示。

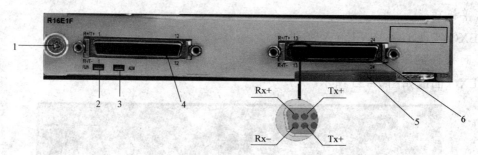

1—松不脱螺钉；2—单板运行指示灯 RUN；3—单板告警指示灯 ALM；4—E1 电接口（1～8 路）；
5—扳手；6—E1 电接口（9～16 路）
图 7-36　前出线 E1 板 R16E1F 面板

接口说明见表 7-19。单板指示灯与 R4EGC 面板一致，单板运行状态指示灯说明见表 7-10。

表 7-19　接口说明

项目		描述
接口	E1 电接口（1～8 路）	第 1～8 路 E1 电接口，接口插座类型为 50 芯弯式 PCB 焊接插座（针式孔）；每 1 路 E1 信号占用 4 针脚，信号定义依次为 $Rx+$、$Tx+$、$Rx-$、$Tx-$，其中，R 表示收，T 表示发，x 取值为 1, 2, 3, …, 8
	E1 电接口（9～16 路）	第 9～16 路 E1 电接口，接口插座类型为 50 芯弯式 PCB 焊接插座（针式孔）；每 1 路 E1 信号占用 4 个针脚，信号定义依次为 $Rx+$、$Tx+$、$Rx-$、$Tx-$，其中，R 表示收，T 表示发，x 取值为 9, 10, 11, …, 16

7. 直流电源板 RPWD2

1）单板功能

直流电源板 RPWD2 处理所输入的 −48 V 直流电源，输出 −48 V 直流二次电源，并通过背板给子架各单板供电。

2）面板说明

RPWD2 面板如图 7−37 所示。

8. 风扇板 RFAN2

1）单板功能

在机箱左侧（从正面看）由多个风扇从内部吸风。机箱右边为进风口，形成自右向左流向的风道。风扇吸入的冷气流与单板整件和电源板的热气流进行交换，发热芯片采用铝散热器散热。接收主控时钟交换单元板的速度控制信号，控制风扇转速。检测风扇告警信息，上报给主控时钟交换单元板。检测风扇信息，驱动面板指示灯显示风扇状态。任何一个风扇出现故障，面板指示灯 ALM（红灯）长亮。

2）面板说明

RFAN2 面板如图 7−38 所示。运行指示灯状态说明见表 7−20。

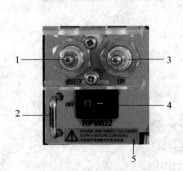

1——48 V RTN 接线柱；2—把手；3——48 V 接线柱；
4—电源开关；5—安全警告标识

图 7−37　直流电源板 RPWD2 面板

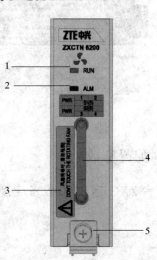

1—单板运行指示灯；2—单板告警指示灯；
3—安全警告标识；4—把手；5—弹片

图 7−38　风扇板 RFAN2 面板

表 7−20　运行指示灯状态说明

运行状态	指示灯状态	
	RUN（绿灯）	ALM（红灯）
单板工作正常	长亮	长灭
单板工作异常	长灭	长亮

7.6 任务实施：PTN6200 设备初始化

7.6.1 设备初始化准备工作

1. 需要工具

（1）三台 ZXCTN 6200 设备。

（2）计算机一台。

（3）USB 转 RS232 串口线（RJ45）一条。

（4）6200 初始化脚本。

2. 连接设备调试口

计算机通过 USB 转串口线连接至 6200 设备主用主控板的 CON 口（主控板最右端的 RJ45接口）。如图 7-39 所示。

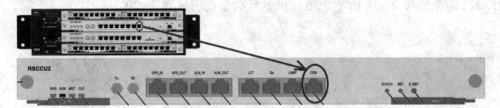

图 7-39 6200 设备初始化接口

7.6.2 配置参数

三台 ZXCTN 6200 设备连接拓扑图如图 7-40 所示，配置参数见表 7-21。

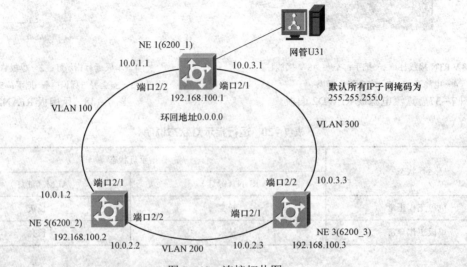

图 7-40 连接拓扑图

表 7-21 三台设备配置参数

设备名称	IP 地址	设备接口	VLAN 号	业务地址
6200-1	192.168.100.1	Gei_2/2	100	10.0.1.1
		Gei_2/1	300	10.0.3.1
6200-2	192.168.100.2	Gei_2/1	100	10.0.1.2
		Gei_2/2	200	10.0.2.2
6200-3	192.168.100.3	Gei_2/1	200	10.0.2.3
		Gei_2/2	300	10.0.3.3

7.6.3 配置过程

计算机通过 USB 转串口线连接至 6200-1 设备主用主控板的 CON 口，打开超级终端，输入以下命令，完成 6200-1 网元的配置。

```
Zxr10>
Zxr10>enable            #输入 enable 命令
Password: zxr10         #输入密码：zxr10
Zxr10#                  # 进入特权模式


zxr10>en                        用户模式下输入 en 登录
password: zxr10                 密码为 zxr10
zxr10#diag                      特权模式下输入 diag
Test Command Password: zxr10    密码为 zxr10
zxr10（diag）#diag modexecute mp master agt-cmd a-set-bd-auto
```
           【诊断模式，做了这步才可以进行端口配置】
```
Module execute output nothing.
zxr10（diag）#exit      //：退出


zxr10#configure terminal      //：进入全局配置模式
zxr10（config）#        //：在全局模式（或配置模式）下输入以下脚本


Hostname 6200-1  //：设置用户名为 6220_NE1
```
【配置 telnet 登录设备的用户名、密码及优先级：一般网管使用默认的用户名和口令为 who/who，ptn/ptn 组合一般不用，登录后为全局模式。而用户名和口令 zte/ecc 为最级别的用户，登录后为特权模式】
```
username who password who privilege 15
username zte password ecc privilege 15
username ptn password ptn privilege 1
show username    //：显示用户
multi-user configure //：设置多用户模式，可允许同时最多 16 个用户登录到该网元
snmp-server trap-source 192.168.100.1  ://配置设备网元 IP
```

【配置数据库的上下载功能】

snmp – server view Allview internet included

snmp – server community public view AllView ro

snmp – server community private view AllView rw

【配置网管服务器 IP，其中 162 是 trap 发送的默认端口】

snmp – server host 193.168.231.201 trap version 2c public udp – port 162

【打开多种网管的告警上报开关】

snmp – server enable trap SNMP

snmp – server enable trap VPN

snmp – server enable trap BGP

snmp – server enable trap OSPF

snmp – server enable trap RMON

snmp – server enable trap STALARM

snmp – server packetsize 8192   //：设置 SNMP 数据包为最大值 8 192

logging on   ://打开系统日志开关

logging trap – enable informational ：//告警信息上报设置

clock timezone BEIJING 8   ://上告时间设置为北京时间

interface loopback1   //：进入环回接口

ip address 192.168.100.1 255.255.255.255

                    //：配置接口环回地址 1.1.1.1，掩码 255.255.255.255

exit   //：退出

vlan 100   //：创建虚拟局域网 100

exit   //：退出

vlan 300   //：创建虚拟局域网 300

exit

                 //：退出

interface vlan 100   //：进入 vlan100 接口

ip address 10.0.1.1 255.255.255.0

              //：配置 IP 地址为 10.0.1.1 掩码 255.255.255.0

exit   //：退出

interface vlan300   //：进入 vlan300 接口

ip address 10.0.3.1 255.255.255.0

//：配置 IP 地址为 10.0.3.1 掩码 255.255.255.0

exit   //：退出

interface 13qx1   //：进入 13qx1 接口   （此端口为网管系统端口）

【配置 IP 地址为 193.168.231.201，掩码 255.255.255.0】

```
ip address 193.168.231.201  255.255.255.0
exit     //：退出


interface gei_2/2    //：进入 2 槽位的 2 口
mcc - vlanid 100      //：MCC 通道 vlan 参数设置为 100
```
【可选配置：MCC 通道带宽，范围为 1～100，单位 Mb/s，一般设为 2】
```
mcc - bandwidth 2
switchport mode trunk   //：配置为 trunk 口模式
switchport trunk vlan 100     //：绑定 vlan100 为 trunk 模式
switchport trunk native vlan 100  //：vlan100 用作本征 vlan
exit       //：退出
interface gei_2/1    //：进入 2 槽位 1 口
mcc - vlanid 300     //：MCC 通道参数设置为 300
switchport mode trunk  //：配置为 trunk 口模式
switchport trunk vlan 300  //：绑定 vlan300 为 trunk 模式
switchport trunk native vlan 300  //：vlan300 用作本征 vlan
exit


tmpls oam enable    ://启用 OAM 功能
mpls traffic - eng tunnels  ://建立 MPLS 隧道
```

【路由通告配置：用于配置所有 IP 地址，包括监控端口、loopback1 和所有启用的线路端口的路由
通告，使不同 vlan 可以互通】
```
router ospf 1        //：进入 ospf 路由模式
network  192.168.100.1  0.0.0.0  area  0.0.0.0
network  10.0.1.1  0.0.0.255  area  0.0.0.0
network  10.0.3.1  0.0.0.255  area  0.0.0.0
exit
```
计算机通过 USB 转串口线连接至 6200-2 设备和 6200-3 设备主用主控板的 CON 口，用同样的方法，完成 6200-2 网元和 6200-3 网元的配置，具体参数见表 7-21。

7.7　任务实施：创建网元

7.7.1　NetNumen U31 的登录和退出

操作步骤如下：

1）启动数据库

点击桌面上的图标"启动数据库"。弹出如图 7-41 所示的窗口，运行启动数据库程序。

启动完毕后，窗口会自动关闭。

图 7-41 "启动数据库"窗口

2）启动控制台

点击桌面上的图标【NetNumen 统一网管系统控制台】，弹出【NetNumen U31 统一网管系统—控制台】窗口，耐心等待几分钟后，控制台启动完毕，如图 7-42 所示。

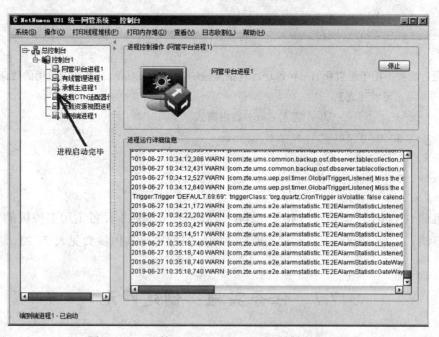

图 7-42 "网管 NetNumen U31"控制台启动完毕

3）启动客户端

点击桌面上的图标【NetNumen 统一网管系统客户端】，弹出如图 7-43 所示的【登录】窗口。点击【确定】按钮。打开如图 7-44 所示的【NetNumen U31 统一网管系统—客户端】

主界面。

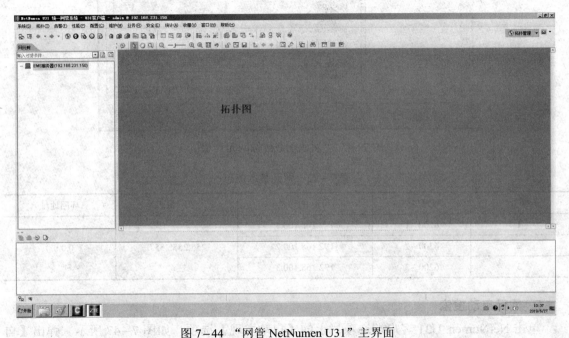

图 7-43　"网管 NetNumen U31"登录窗口

图 7-44　"网管 NetNumen U31"主界面

7.7.2　创建网元

创建网元分为两种方式：手动创建网元、网元自动搜索。

1. 手动创建网元

在拓扑图中的空白处右击，出现右键菜单。选择【新建对象】→【新建承载传输网元】，弹出【新建承载传输网元】窗口，如图 7-45 所示。

选择设备类型【ZXCTN　6200】，输入网元名称【6200-1】，输入网元 IP 地址【192.168.100.1】，选择网元状态为【在线】，选择硬件版本【V2.10】。点击【应用】按钮，完成新建网元操作。根据表 7-22 中的数据，再创建两个网元 6200-2 和 6200-3。结果如图 7-46

所示。

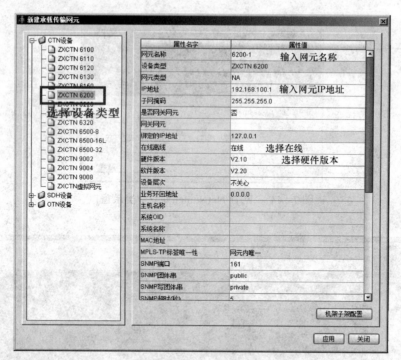

图 7-45 "新建承载传输网元"窗口

表 7-22 网元基本信息

序号	网元名称	网元 IP 地址	子网掩码	环回地址
1	6200-1	192.168.100.1		
2	6200-2	192.168.100.2	255.255.255.0	0.0.0.0
3	6200-3	192.168.100.3		

2. 网元自动搜索

单击 NetNumen U31 客户端选项栏上的【自动发现】选项，如图 7-47 所示。弹出【自动发现】对话框。在【基本】选项卡中选中【进行自动发现】、【发现 IP 节点】选项，如图 7-48 所示。

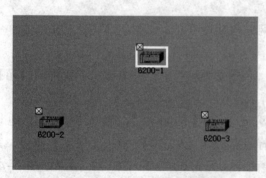

图 7-46 创建网元结果

图 7-47 【自动发现】选项

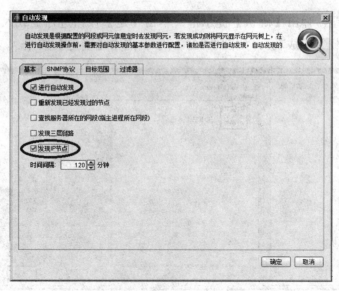

图 7-48　【自动发现】对话框

在【目标范围】选项卡中，单击【添加】按钮，弹出【添加目标网络】对话框。工作方式：选中【包含网络】。网段 IP：添加目标地址、子网掩码。如图 7-49 所示。单击【确定】按钮返回到【自动发现】对话框，点击【确定】按钮开始网元自动搜索。结果与手动创建网元一致。

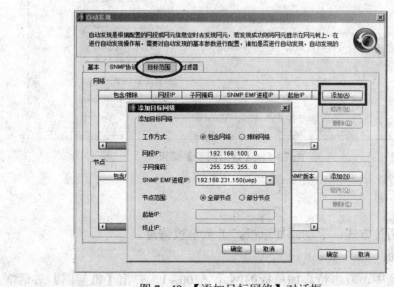

图 7-49　【添加目标网络】对话框

7.7.3　数据同步

在拓扑树或拓扑图中选中三个网元，单击右键，弹出右键菜单。选择【数据同步】选项，弹出【数据同步】对话框，如图 7-50 所示。在【上载入库】选项卡中，选中三个网元，单击【上载入库】按钮,弹出【确认】提示框,单击【是】按钮进行上载入库操作。完成时弹出【提示】框"上载入库成功",如图7-51所示。点击【确定】按钮。

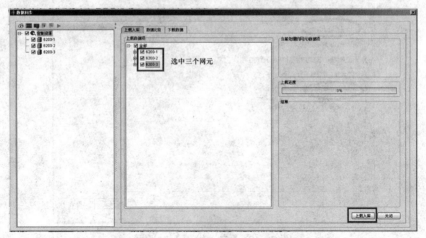

图7-50 【数据同步】对话框

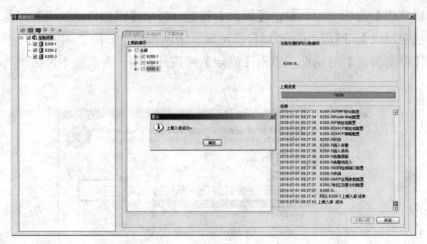

图7-51 【数据同步】结果

7.7.4 安装单板

安装单板分为两种方式:手动添加单板、上载单板信息。

1. 手动添加单板

在拓扑管理视图中,双击待添加单板的网元6200-1,弹出【机架图】对话框。在插板类型页面5号槽位单击右键,在弹出菜单中选择【插板】→【RSCCU2】,安装单板RSCCU2。用同样的方法在6号槽位安装单板RSCCU2,在2号槽位安装单板R8EGF,在3号槽位安装单板R4EGC,在4号槽位安装单板R16E1F,如图7-52所示。

2. 上载单板信息

经过数据同步操作后,设备单板信息已上载到网管中。不用再安装。

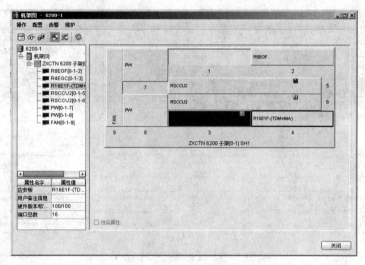

图 7-52　安装单板结果

7.7.5　创建纤缆连接

创建纤缆连接分为两种方式：手动创建、链路自动发现。

1. 手动创建

在拓扑管理界面，选择三个网元，单击右键打开右键菜单。选择【纤缆连接】选项，弹出【纤缆连接】对话框，如图 7-53 所示。在 A 端，选择源网元【6200-1】、源单板及源端口【R8EGF[0-1-2]-ETH：2】。在 Z 端，选择宿网元【6200-2】、宿单板及宿端口【R8EGF[0-1-2]-ETH：1】。单击【应用】按钮，下发命令，如图 7-54 所示。

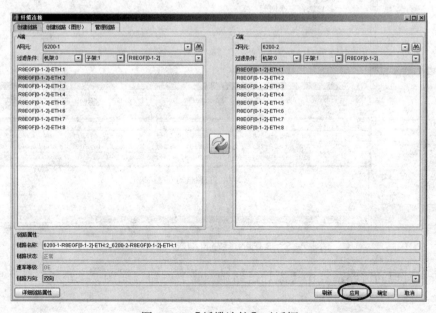

图 7-53　【纤缆连接】对话框

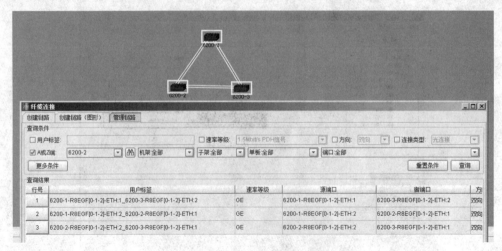

图 7-54 【纤缆连接】结果

2. 链路自动发现

在拓扑管理界面，选择三个网元，单击右键打开右键菜单。选择【链路自动发现】选项，弹出【CTN 链路自动发现】对话框，如图 7-55 所示。选择三个网元。点击【手工执行选定网元间链路自动发现】图标，执行结果在对话框的下方。

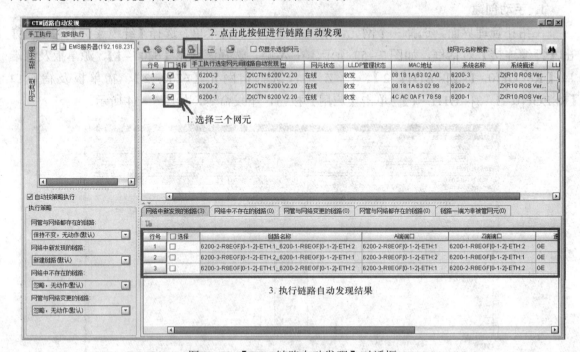

图 7-55 【CTN 链路自动发现】对话框

选择所有发现的链路，点击【添加链路到网管】按钮，如图 7-56 所示。结果和手动创建纤缆连接一样。

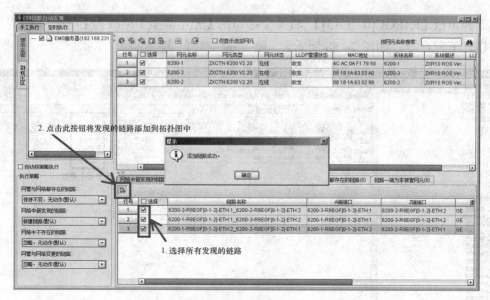

图 7-56　添加链路到网管

7.8　任务实施：PTN 配置——基础数据配置

7.8.1　配置端口模式

在拓扑管理视图中，选择三个网元，单击右键弹出右键菜单，选择【网元管理】菜单项，弹出【网元管理】对话框。在【定制资源】选择【6200-1】，在【网元操作】中选择【基础配置】→【基础数据配置】。在【基础数据配置-6200-1】对话框右方的【以太网端口基本属性配置】中【选择单板】下拉菜单项中选择【R8EGF[0-1-2]】，将 8 个端口的【 VLAN 模式】更改为【干线】模式，点击【应用】按钮，下发命令，如图 7-57 所示。

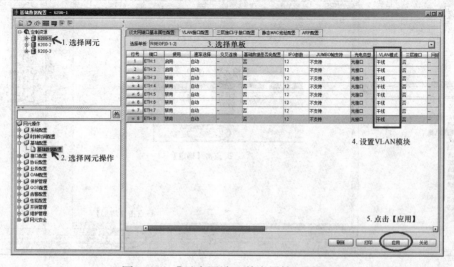

图 7-57　【以太网端口基本属性配置】1

再选择单板【R4EGC[0-1-3]】，将4个端口的【光电类型】更改为【电接口】。点击【应用】按钮，下发命令，如图7-58所示。

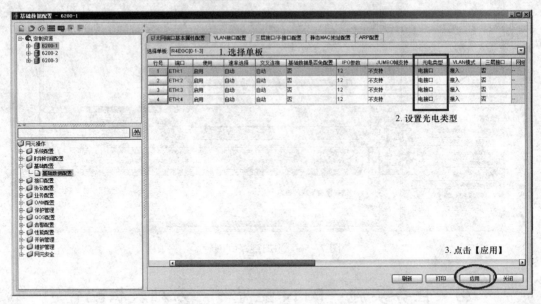

图7-58 【以太网端口基本属性配置】2

7.8.2 配置 VLAN 接口

在【基础数据配置-6200-1】对话框右方的【VLAN接口配置】中，点击【增加】按钮，弹出【创建VLAN接口】对话框，在【属性值】中输入【100】，如图7-59所示。点击【确定】按钮。再输入一个属性值【300】，点击【取消】按钮。

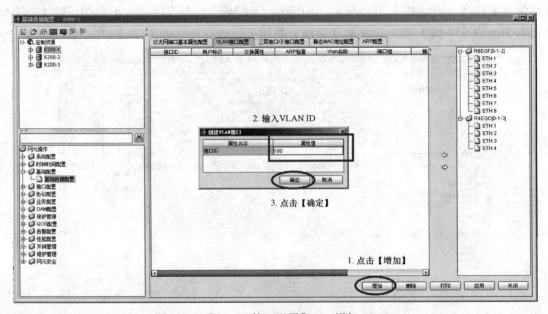

图7-59 【VLAN接口配置】——增加 VLAN

给 VLAN100 配置接口 2，如图 7-60 所示。选择 VLAN100，再选择【R8EGF[0-1-2]】端口【ETH：2】，点击向左箭头按钮。同样的方法给 VLAN300 配置接口 1。最后点击【应用】按钮。

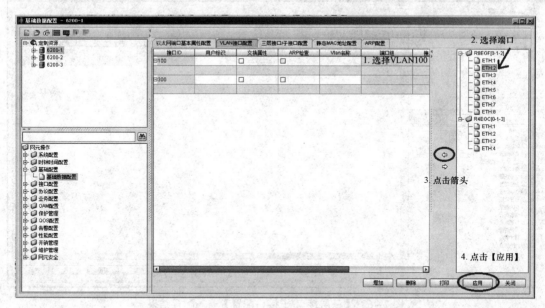

图 7-60 【VLAN 接口配置】——配置 VLAN 接口

7.8.3 配置 IP 接口

配置 VLAN100 的三层接口 IP 地址，如图 7-61 所示。在【基础数据配置-6200-1】对话框右方的【三层接口/子接口配置】中，点击【增加】按钮，弹出【增加】对话框，选中【指定 IP 地址】。在【IP 地址】输入框中输入 IP 地址 10.0.1.1。点击【确定】关闭对话框。

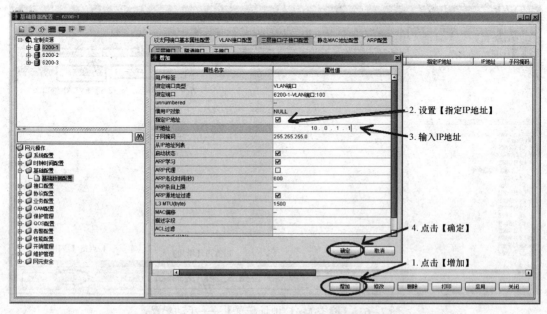

图 7-61 【三层接口/子接口配置】——配置接口 IP 地址

用同样的方法，配置 VLAN300 的三层接口 IP 地址 10.0.3.1。配置结果如图 7-62 所示。

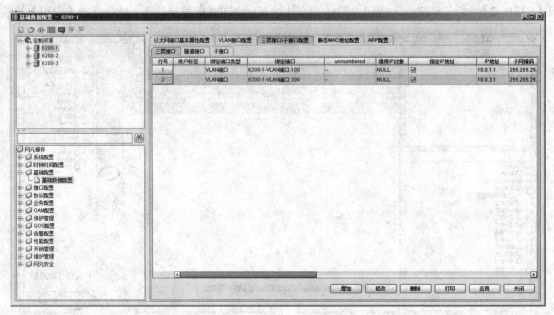

图 7-62 【三层接口/子接口配置】——配置结果

7.8.4 配置静态 MAC 地址

MAC 地址配置分为两种方式：手动配置、自动发现。

1. 手动配置

网元离线状态下，MAC 地址必须手动配置，如图 7-63 所示。在【基础数据配置-6200-1】

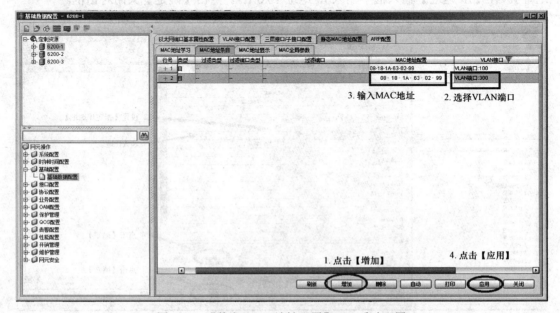

图 7-63 【静态 MAC 地址配置】——手动配置

对话框右方的【静态 MAC 地址配置】中，点击【增加】按钮。在【VLAN 端口】选择框中选择 VLAN：300，然后在【MAC 地址配置】输入框输入【08-18-1A-83-02-99】。采用同样的方法配置 VLAN：100 的 MAC 地址。

2. 自动发现

网元在线状态下，配置静态 MAC 地址可以采用自动发现方式。如图 7-64 所示。在【基础数据配置-6200-1】对话框右方的【静态 MAC 地址配置】中，点击【自动】按钮，弹出【确认】对话框，点击【是】按钮，进行自动配置 MAC 地址。

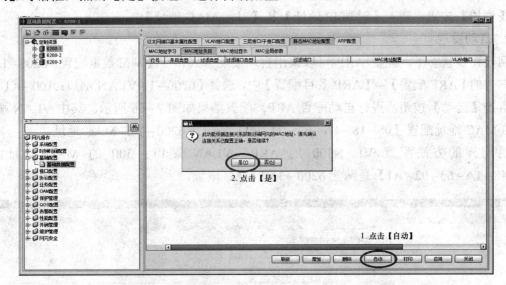

图 7-64　【静态 MAC 地址配置】——自动发现

配置结果如图 7-65 所示。其中 VLAN 端口：100 的 MAC 地址配置【08-18-1A-63-02-99】是网元 6200-2 的 MAC 地址，VLAN 端口：300 的 MAC 地址配置【08-18-1A-

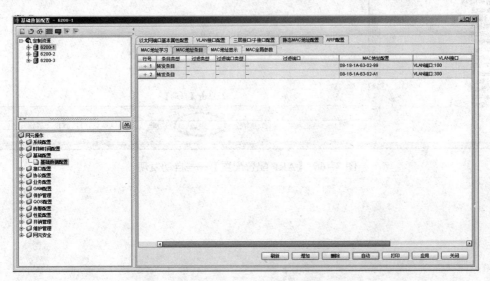

图 7-65　【静态 MAC 地址配置】结果

63-02-A1】是网元 6200-3 的 MAC 地址。

7.8.5 配置 ARP

配置 ARP 分为两种方式：手动配置、自动发现。

1. 手动配置

网元离线状态下，配置 ARP 必须手动配置。在【基础数据配置-6200-1】对话框右方的【ARP 配置】→【ARP 条目配置】中，选择【6200-1-VLAN 端口：100-（L3）】，然后点击【增加】按钮，输入【对端 IP 地址】和【对端 MAC 地址】。

2. 自动发现

网元在线状态下，配置 ARP 可以采用自动发现方式。在【基础数据配置-6200-1】对话框右方的【ARP 配置】→【ARP 条目配置】中，选择【6200-1-VLAN 端口：100-（L3）】，然后点击【自动】按钮，进行自动配置 ARP。配置结果如图 7-66 所示。其中 VLAN 端口：100 的 MAC 地址配置【08-18-1A-63-02-99】是网元 6200-2 的 MAC 地址。

用同样的方法配置 VLAN300 的 ARP。VLAN 端口：300 的 MAC 地址配置【08-18-1A-63-02-A1】是网元 6200-3 的 MAC 地址。

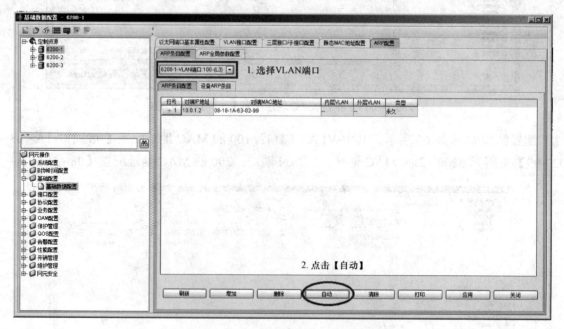

图 7-66 【ARP 配置配置】——自动发现

配置承载网业务

8.1　知识准备：PTN 同步

8.1.1　同步原理

频率同步，就是所谓时钟同步，是指信号之间的频率或相位上保持某种严格的特定关系，其相对应的有效瞬间以同一平均速率出现，以维持通信网络中所有的设备以相同的速率运行。相位同步（时间同步），是指信号之间的频率不仅相同，相位也要保持相同，因此时间同步一般都包括时钟同步。

时间同步与频率同步的区别如图 8-1 所示。如果两个表（Watch 1 与 Watch 2）每时每刻的时间都保持一致，这个状态叫时间同步；如果两个表的时间不一样，但是保持一个恒定的差，比如 1 小时，那么这个状态称为频率同步。如果两个表的频率不相同，则其时间值无固定关系，因此时间同步的前提条件是频率同步。

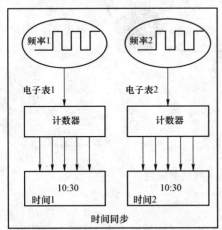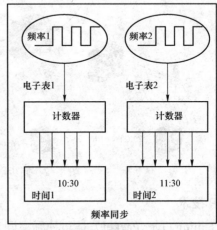

图 8-1　时间同步与频率同步的区别

8.1.2　通信网络对同步的需求

传统固网 TDM 业务对时钟同步的需求：传统固网的 TDM 的业务主要是语音业务，要求业务收发两端同步；如果承载网络两端的时钟不一致，长期积累后会造成滑码。

无线 IP RAN 对同步的需求：目前时间同步的主要应用为通话计费、网间结算和网管告警。通信网络对时钟频率最苛刻的需求体现在无线应用上，不同基站之间的频率必须同步在一定精度之内，否则基站切换时会出现掉线。与前面提到的固网 TDM 应用不同的是，这里的时钟是指无线的射频时钟。在这个应用场景下，对时钟频率的需求要高于前者。

专用时钟同步网（BITS）的需求：在传统的通信网络结构中，除了业务承载网络外，一般还会存在一个独立的时钟发布网络，采用 PDH/SDH 来分发时钟。

8.1.3 同步技术的实现

1. 同步以太网技术

ZXCTN PTN 设备组成同步以太网络，可以支持同步以太接口实现以太网物理层同步。在同步以太网环境中，GPS、BITS 等设备的时钟信号，经过同步以太网接口实现全网 ZXCTN PTN 设备的时钟同步。与 BTS 或 NodeB 相连的 ZXCTN 设备，通过同步以太网接口将提取后的时钟信号传送给 BTS 或 NodeB、BSC 和 RNC，最终实现全网的同步以太网时钟。如图 8-2 所示。

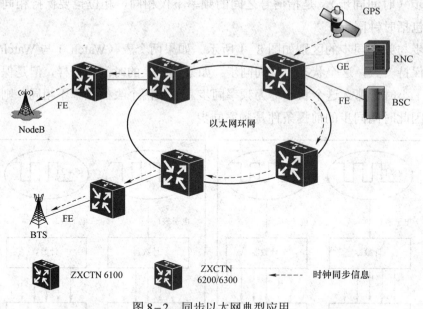

图 8-2　同步以太网典型应用

2. TOP 技术

TOP（Timing Over Packet）是一种频率同步技术，就是将时钟频率先承载在专门的 TOP 报文中，需要的时候将其从报文中分离出来，从而实现时钟频率在 PSN 上的透传。TOP 有两种工作模式，即差分模式和自适应模式。

差分模式是 G.8261 提出的一个典型方式，两端的设备 TOP Server 和 TOP Client 共用频率同步时钟，TOP 报文穿透的 PSN 网络同步异步都可以，如图 8-3 所示。

自适应模式因为 TOP Server 和 TOP Client 所在的网元设备时钟不存在同步关系，所以无法通过差分模式的机制进行时钟频率的恢复。

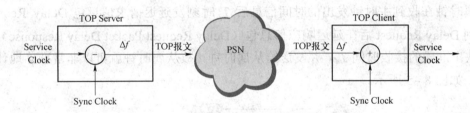

图 8-3   差分模式

3. IEEE 1588V2（PTP）

IEEE 1588V2 是一种精确时间同步协议，简称 PTP（Precision Time Protocol）协议，它是一种主从同步系统。其核心思想是采用主从时钟方式，对时间信息进行编码，利用网络的对称性和延时测量技术，实现主从时间的同步。

IEEE 1588 将整个网络内的时钟分为两种，即普通时钟（OC）和边界时钟（BC）。其中，边界时钟通常用在确定性较差的网络设备（如交换机和路由器）上。从通信关系上又可把时钟分为主时钟和从时钟，理论上任何时钟都能实现主时钟和从时钟的功能，但一个 PTP 通信子网内只能有一个主时钟。整个系统中的最优时钟为最高级时钟（GMC），有着最好的稳定性、精确性、确定性等。

根据各节点上时钟的精度和级别以及 UTC（Universal Time Constant）的可追溯性等特性，由最佳主时钟算法（BMC）来自动选择各子网内的主时钟。在只有一个子网的系统中，主时钟就是最高级时钟 GMC。每个系统只有一个 GMC，且每个子网内只有一个主时钟，从时钟与主时钟保持同步，如图 8-4 所示。

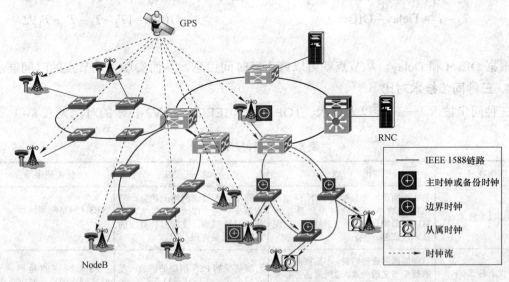

图 8-4   1588 时钟组网

IEEE 1588 的关键在于延时测量。

为了测量网络传输延时，IEEE 1588 定义了一个延迟请求信息——Delay Request Packet

（Delay Request）。

从属时钟在收到主时钟发出的时间信息后 T_3 时刻发延迟请求信息包 Delay Request，主时钟收到 Delay Request 后在延迟响应信息包（Delay Request Packet Delay Response）加时间戳，反映出准确的接收时间 T_4，并发送给从属时钟，故从属时钟就可以非常准确地计算出网络延时，如图 8-5 所示。

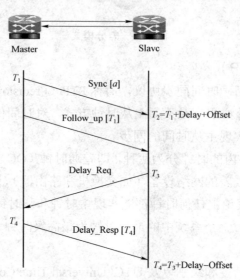

图 8-5　1588 方式下的延时测量

IEEE 1588 方式下的延时测量：

由于：　　$T_2 - T_1 = \text{Delay} + \text{Offset}$　　　　　故可得：　$\text{Delay} = [T_2 - T_1 + T_4 - T_3]/2$

　　　　　$T_4 - T_3 = \text{Delay} - \text{Offset}$　　　　　　　　　　$\text{Offset} = [T_2 - T_1 - T_4 + T_3]/2$

根据 Offset 和 Delay，从节点就可以修正其时间信息，从而实现主从节点的时间同步。

4. 三种同步技术对比

三种同步技术——同步以太技术、TOP 技术、IEEE 1588 V2 技术的对比见表 8-1。

表 8-1　三种技术对比

实现技术	优　点	缺　点	优先使用场合
同步以太技术	实现简单，并且受到 PSN 网络损伤的影响小；时钟同步质量接近 SDH；架构与 SDH 方案相似，实现技术较成熟	同步以太要求网络上的每个节点都支持同步以太，才能实现整网的时钟同步；支持时钟提取的 PHY 的数量有限	PSN 网络频率同步
TOP 技术	能够跨网透传时钟，不需要网络上的每个节文的处理，运用灵活点都支持 TOP 报	容易受到 PSN 网络的影响；没有标准化，各厂商难以互联互通	PSN 网络的跨网同步和 PSN 网络的业务时钟透传
IEEE 1588 V2 技术	可以恢复时间，实现时间同步。有标准，利于互联互通	基本不受 PSN 网络的影响；网络上的各个节点都需要支持 IEEE 1588 的处理	PSN 网络时间同步使用该技术

8.2   任务实施：配置同步

在配置业务之前，必须配置网元的时钟源并指定其优先级别，以保证网络中所有网元能够建立合理的时钟跟踪关系。

三个网元的时钟源的配置信息见表 8-2。配置步骤如下。

表 8-2   三个网元时钟源配置信息

网元	时钟类型	时钟源优先级	时钟源资源	SSM 字节方式
6200-1	外时钟	1	RSCCU2[0-1-5]-1	标准 SSM 算法
6200-2	以太网抽时钟	1	R8EGF[0-1-2]-1	标准 SSM 算法
		2	R8EGF[0-1-2]-2	
6200-3	以太网抽时钟	1	R8EGF[0-1-2]-2	标准 SSM 算法
		2	R8EGF[0-1-2]-1	

1）步骤一：配置网元 6200-1 的时钟源

在拓扑管理视图中，选择三个网元，单击右键弹出右键菜单，选择【网元管理】菜单项，弹出【网元管理】对话框。在【定制资源】选择【6200-1】，在【网元操作】中选择【时间时钟配置】→【时钟源配置】，如图 8-6 所示。

单击【增加】按钮，增加一条待配置时钟源。在【时钟源类型】下拉选择框选择【外时钟】。【时钟源资源】中选择单板和端口【RSCCU2[0-1-5]-1】。单击【应用】按钮。弹出的【确认】对话框，如图 8-7 所示。单击【是】按钮。弹出【提示】框，如图 8-8 所示。单击【确定】按钮。

选择【当前同步定时源】选项卡，属性名字和属性值如图 8-9 所示。选择【SSM 字节方式】选项卡，在【SSM 使用方式】属性值的下拉选择框中选择【标准 SSM 算法】，如图 8-10 所示。

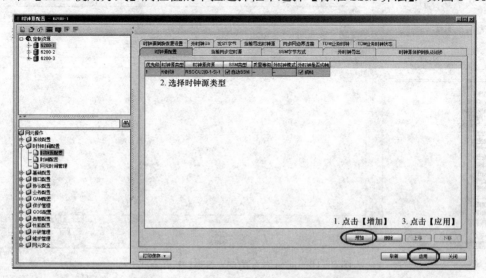

图 8-6   时钟源配置——增加时钟源 6200-1

213

图 8-7　时钟源配置——确认　　　　　　　　　　图 8-8　时钟源配置——提示

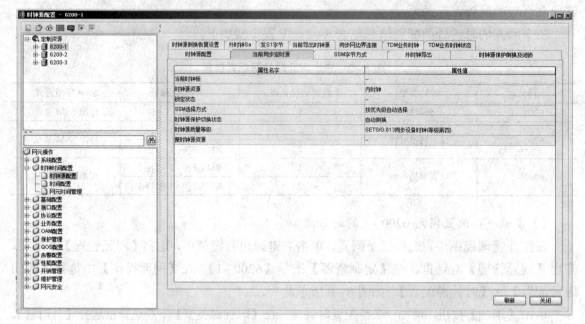

图 8-9　时钟源配置——同步定时源 6200-1

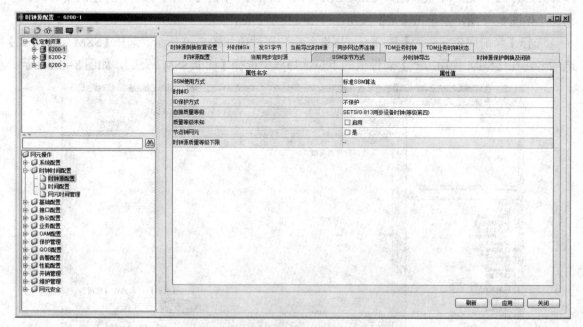

图 8-10　时钟源配置——SSM 字节方式

2）步骤二：配置网元 6200-2 和 6200-3 的时钟源

在【定制资源】选择【6200-2】，单击【增加】按钮，增加一条待配置时钟源。在【时钟源类型】下拉选择框选择【抽以太网时钟】。【时钟源资源】中选择单板和端口【R8EGF[0-1-2]-1】。再单击【增加】按钮增加一条待配置时钟源，选择时钟源类型【抽以太网时钟】，选择时钟源资源【R8EGF[0-1-2]-1】，如图 8-11 所示。单击【应用】按钮。选择【当前同步定时源】选项卡，属性名字和属性值如图 8-12 所示。

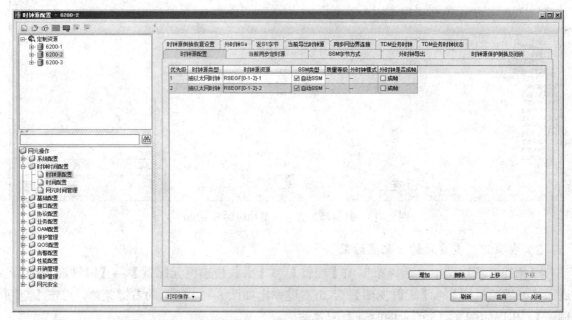

图 8-11　时钟源配置——增加时钟源 6200-2

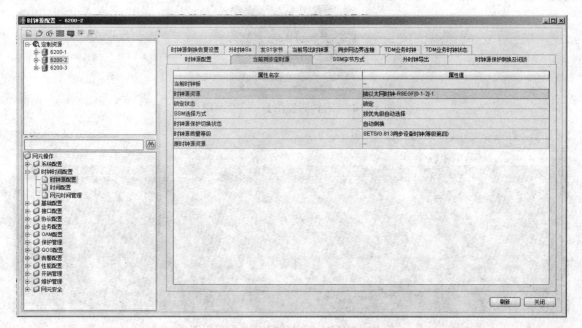

图 8-12　时钟源配置——同步定时源 6200-2

215

用同样的方法配置网元6200-3的时钟源。配置信息见表8-2。结果如图8-13所示。

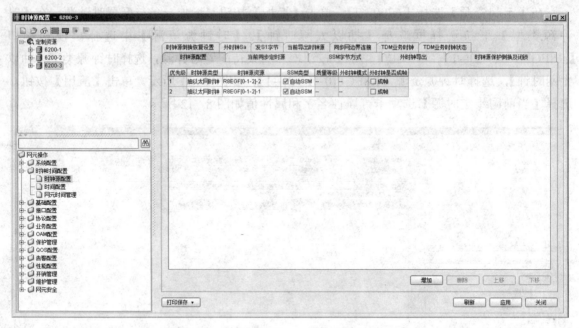

图8-13 时钟源配置——增加时钟源6200-3

3）步骤三：查看时钟源配置结果

在拓扑管理视图中，选择菜单项【配置】→【承载传输网元配置】→【时钟源视图】，进入【时钟源视图】→【配置视图】。点击右键弹出如图8-14所示的右键菜单，点击【全网刷新】。出现如图8-15所示的时钟源配置结果。

图8-14 【时钟源视图】——全网刷新

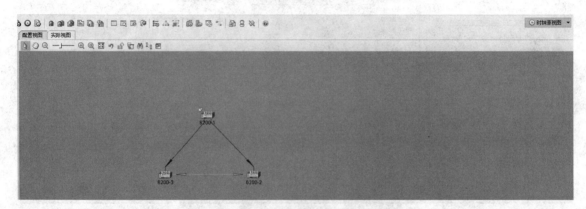

图8-15 【时钟源视图】——配置视图

选择【实际视图】选项卡，再进行全网刷新，出现如图 8-16 所示的时钟源配置结果。

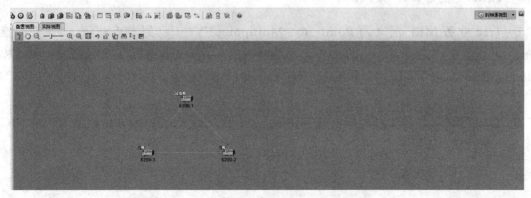

图 8-16 【时钟源视图】——实际视图

8.3 知识准备：以太网业务类型

8.3.1 以太网业务：E-Line

E-Line 业务 MEF 定义为 Point-to-Point EVC（点到点业务），客户的接入点称为 UNI。

E-Line 可细分为 EPL 和 EVPL 业务。EPL 业务中，PE 设备的一个 UNI 口只接入一个用户。如图 8-17 所示。

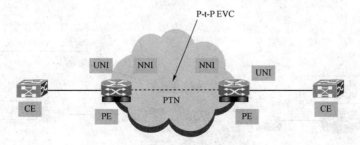

图 8-17 EPL 业务示意图

EVPL 业务中，UNI 口可以存在复用，PE 设备的一个 UNI 口可以接入多个用户，多个用户之间按 VLAN 区分。如图 8-18 所示。

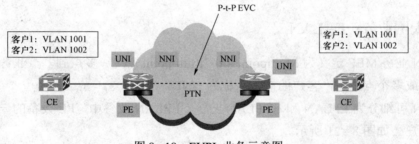

图 8-18 EVPL 业务示意图

8.3.2 以太网业务：E-Tree

E-Tree 业务 MEF 定义为 Point-to-Multipoint EVC（点到多点业务），业务的连通性在两个或多个点之间。客户的接入点称为 UNI。E-Tree 业务将 UNI 的属性分为 Root 和 Leaf，Root UNI 可以与其他 Root UNI 和 Leaf UNI 通信。Leaf UNI 只能与 Root UNI 通信。

E-Tree 可细分为 EPTREE 和 EVPTREE 业务。EPTREE 业务中，PE 设备的一个 UNI 口只接入一个用户。如图 8-19 所示。

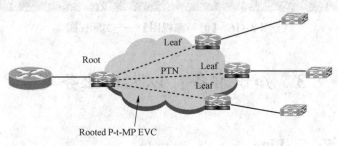

图 8-19　EPTREE 业务示意图

EVPTREE 业务中，UNI 口可以存在复用，PE 设备的一个 UNI 口可以接入多个用户，多个用户之间按 VLAN 区分。如图 8-20 所示。

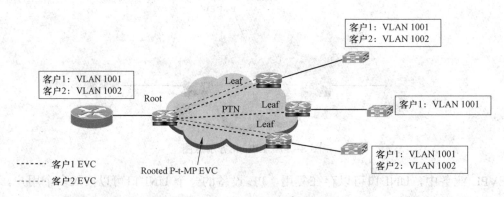

图 8-20　EVPTREE 业务示意图

8.3.3 以太网业务：E-LAN

E-LAN 业务 MEF 定义为 Multipoint-to-Multipoint EVC（多点到多点业务），业务的连通性在两个或多个点之间，客户的接入点称为 UNI。

E-LAN 可细分为 EPLAN 和 EVPLAN 业务。EPLAN 业务中，PE 设备的一个 UNI 口只接入一个用户。如图 8-21 所示。

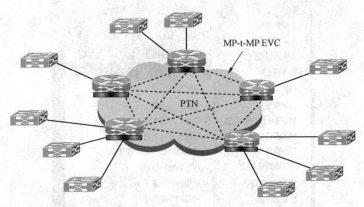

图 8-21　EPLAN 业务示意图

EVPLAN 业务中，UNI 口可以存在复用，PE 设备的一个 UNI 口可以接入多个用户，多个用户之间按 VLAN 区分。如图 8-22 所示。

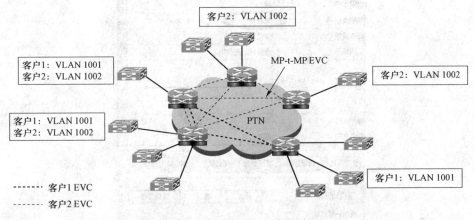

图 8-22　EVPLAN 业务示意图

8.4　任务实施：配置业务

8.4.1　配置 EPL 业务

配置以太网业务 EPL 步骤如下。

1）步骤一：配置隧道

在拓扑管理视图中，选择菜单项【业务】→【新建】→【新建静态隧道】，如图 8-23 所示，进入【业务配置】视图→【新建静态隧道】。

在【保护类型】中选择【无保护】，如图 8-24 所示。在【A 端点】点击【选择】按钮，弹出【请选择网元】对话框，如图 8-25 所示，选择网元 6200-1。用同样的方法，在【B 端点】选择网元 6200-2。结果如图 8-26 所示。

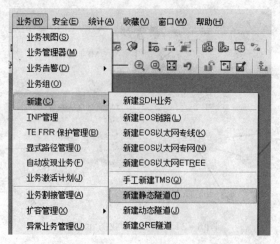

图 8-23 【新建静态隧道】菜单

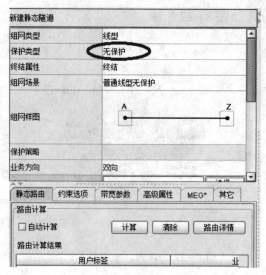

图 8-24 选择保护类型

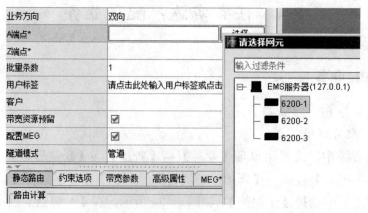

图 8-25 选择端点网元

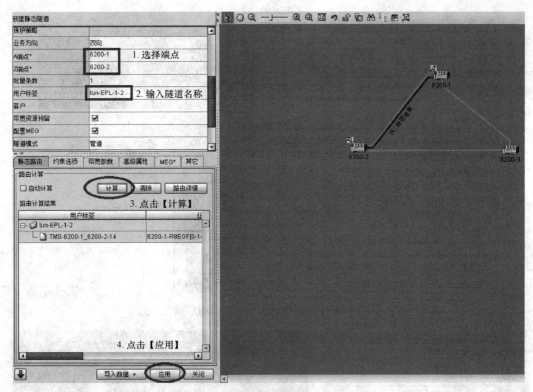

图 8-26   配置 EPL 业务——新建隧道

在【用户标签】输入框中输入隧道名称：tun-EPL-1-2。点击【计算】按钮，出现段层 TMS-6200-1_6200-2-14。最后点击【应用】按钮完成隧道配置。弹出【确认】提示框，如图 8-27 所示。因为 EPL 是点对点业务，只需要配置一条隧道。所以点击【否】按钮返回拓扑管理视图。

图 8-27   【确认】提示框

2）步骤二：配置伪线

在拓扑管理视图中，选择菜单项【业务】→【新建】→【新建伪线】，进入【业务配置】视图→【新建伪线】，如图 8-28 所示。在【用户标签】输入框中输入伪线名称【PW-EPL-1-2】，点击【A1 端点】的【选择】按钮，弹出【请选择网元】对话框。在对话框中选择网元 6200-1，最后点击【确定】按钮。用同样方法在【Z1 端点】选择网元 6200-2。结果如图 8-29 所示。

点击下拉选择框选择隧道【tun-EPL-1-2（双向）】，点击【应用】按钮。弹出【确认】对话框，如图 8-30 所示。点击【是】按钮。弹出【确认】对话框，如图 8-31 所示。因为配置 EPL 只需要一条伪线，所以点击【否】。

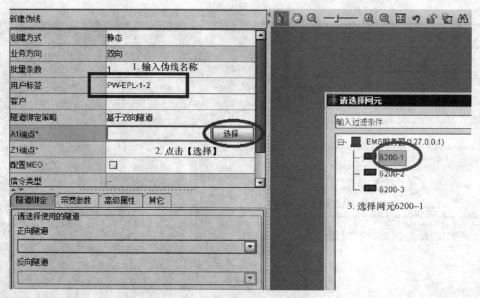

图 8-28 【新建伪线】——选择端点网元

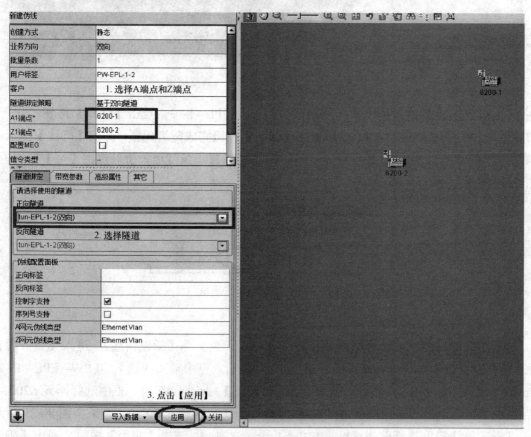

图 8-29 【新建伪线】——选择隧道

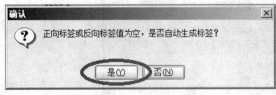

图 8-30　【确认】提示框　　　　　　　　图 8-31　【确认】提示框

3）步骤三：配置业务

在拓扑管理视图中，选择菜单项【业务】→【新建】→【新建以太网业务】，进入【业务配置】视图→【新建以太网业务】，如图 8-32 所示。

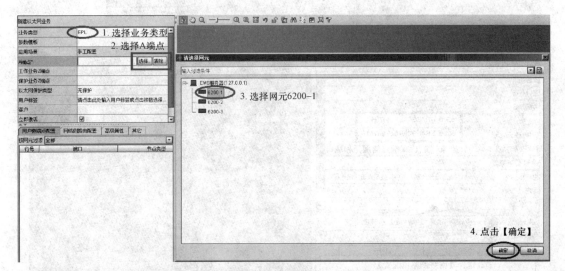

图 8-32　配置以太网业务 EPL——选择端点网元

在【业务类型】下拉框中选择【EPL】，点击【A 端点】的【选择】按钮，弹出【请选择网元】对话框，选择网元 6200-1，点击【确定】按钮。弹出【选择可用端口】对话框，如图 8-33 所示，选择端口【6200-1-R4EGC[0-1-3]-ETH：1】。用同样的方法，在【工作业务 Z 端点】选择网元 6200-2，并选择端口【6200-2-R4EGC[0-1-3]-ETH：1】，结果如图 8-34 所示。

点击【网络侧路由配置】选项卡，点击【添加】按钮，再选择【使用已有服务层链路】，弹出【使用已有服务层链路】对话框，如图 8-35 所示。选择伪线 PW-EPL-1-2，再点击【确定】按钮。结果如图 8-36 所示。点击【应用】按钮。弹出【确认】对话框，点击【否】。

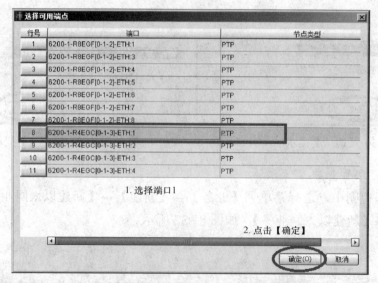

图 8-33　配置以太网业务 EPL——选择端口

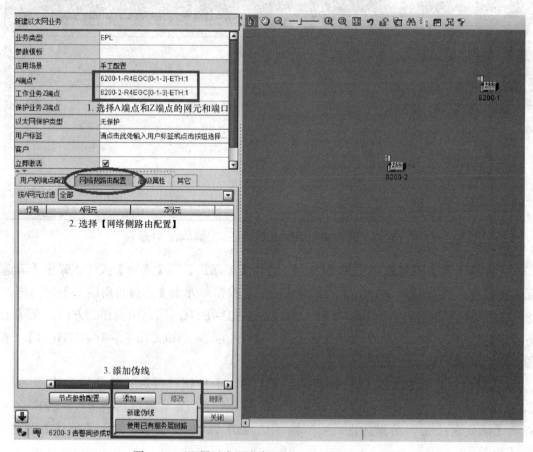

图 8-34　配置以太网业务 EPL——网络侧路由配置

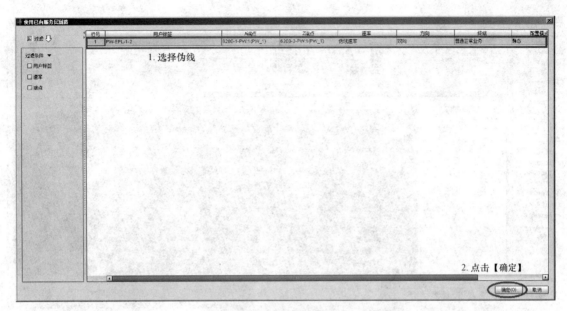

图 8-35 配置以太网业务 EPL——选择伪线

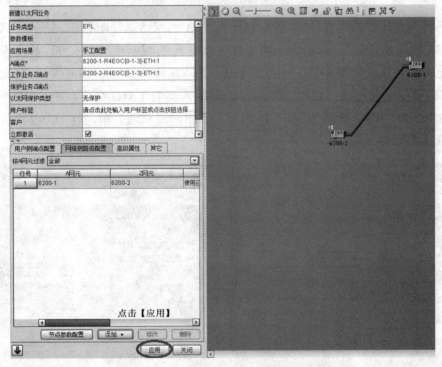

图 8-36 配置以太网业务 EPL 结果

4）步骤四：业务验证

在拓扑管理视图中选择菜单项【业务】→【业务管理器】，弹出【业务管理器】对话框，如图 8-37 所示。点击【业务过滤】，出现已配置的以太网业务、隧道和伪线信息。点击以太网业务【Ethernet-6200-1_6200-2-17】，在对话框下方显示该业务拓扑图。

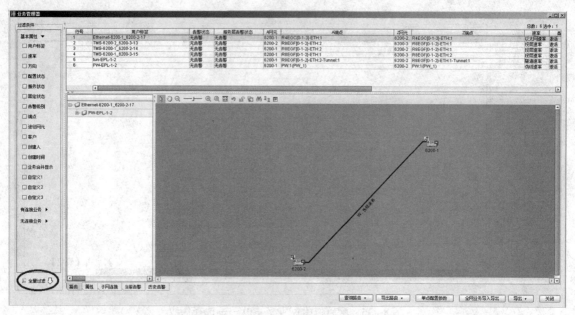

图 8-37　业务管理器——查询以太网业务 EPL

　　打开另外两台计算机，将计算机 A 和计算机 B 的网络地址配置在同一个网段，配置结果如图 8-38 和图 8-39 所示。用一条网线将计算机 A 的网卡接口和 6200-1 设备的 R4EGC 板的 1 号电接口相连，如图 8-40 所示。再用一条网线将计算机 B 的网卡接口和 6200-2 设备的 R4EGC 板的 1 号电接口相连。然后在计算机 A 运行 CMD 命令，在 CMD 窗口输入命令 ping 192.168.231.104。结果如图 8-41 所示，表示网络联通。用同样的方法在计算机 B 测得与计算机 A 网络联通。

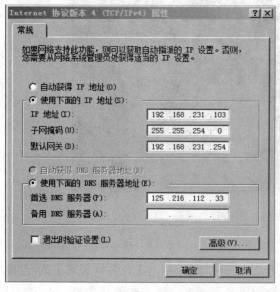

图 8-38　计算机 A 网络配置

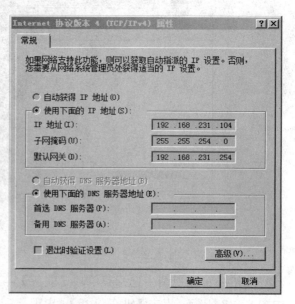

图 8-39　计算机 B 网络配置

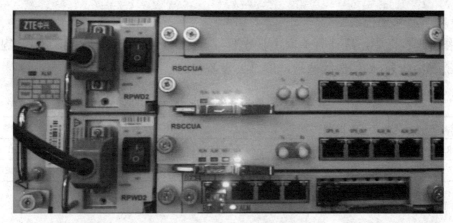

图 8−40 6200 设备连线情况

图 8−41 计算机 A 命令窗口

8.4.2 配置 EPTREE 业务

配置以太网业务 EPTREE 步骤如下。

1）步骤一：配置隧道

在拓扑管理视图中，选择菜单项【业务】→【新建】→【新建静态隧道】，进入【业务配置】视图→【新建静态隧道】。创建无保护静态隧道两条，信息见表 8−3。

表 8−3 配置 EPTREE 业务——静态隧道

隧道名称	保护	A 端点	Z 端点
tun−EPTREE−2−1	无保护	6200−2	6200−1
tun−EPTREE−2−3	无保护	6200−2	6200−3

2）步骤二：配置伪线

在拓扑管理视图中，选择菜单项【业务】→【新建】→【新建伪线】，进入【业务配置】视图→【新建伪线】。创建伪线两条，信息见表8-4。

表 8-4　配置 EPTREE 业务——伪线

伪线名称	A1 端点	Z1 端点	隧道绑定
PW-EPTREE-2-1	6200-2	6200-1	tun-EPTREE-2-1
PW-EPTREE-2-3	6200-2	6200-3	tun-EPTREE-2-3

3）步骤三：配置业务

在拓扑管理视图中，选择菜单项【业务】→【新建】→【新建以太网业务】，进入【业务配置】视图→【新建以太网业务】，如图8-42所示。

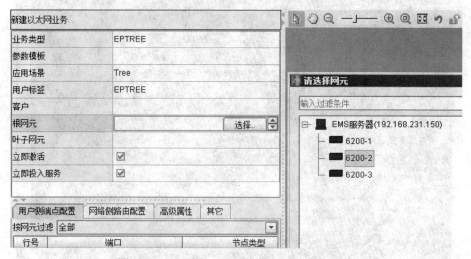

图 8-42　配置 EPTREE 业务——选择根网元

在【业务类型】下拉框中选择【EPTREE】，在【应用场景】下拉框中选择【Tree】。在【用户标签】输入框输入业务名称【EPTREE】。点击【根网元】的【选择】按钮，弹出【请选择网元】对话框，选择网元6200-2，点击【确定】按钮。弹出【选择可用端口】对话框，如图8-43所示。选择端口【6200-2-R4EGC[0-1-3]-ETH：2】。

用同样的方法，在【叶子网元】选择网元 6200-1，选择端口【6200-1-R4EGC[0-1-3]-ETH：2】，再选择网元6200-3，选择端口【6200-2-R4EGC[0-1-3]-ETH：1】，结果如图8-44所示。

点击【网络侧路由配置】选项卡，点击【添加】按钮，再选择【使用已有服务层链路】，弹出【使用已有服务层链路】对话框，如图8-45所示。选择伪线【PW-EPTREE-2-1】，点击【确定】按钮。再点击【添加】→【使用已有服务层链路】，在【使用已有服务层链路】对话框中选择伪线【PW-EPTREE-2-3】，点击【确定】按钮。结果如图8-46所示。最后点击【应用】按钮，完成 EPTREE 业务配置。

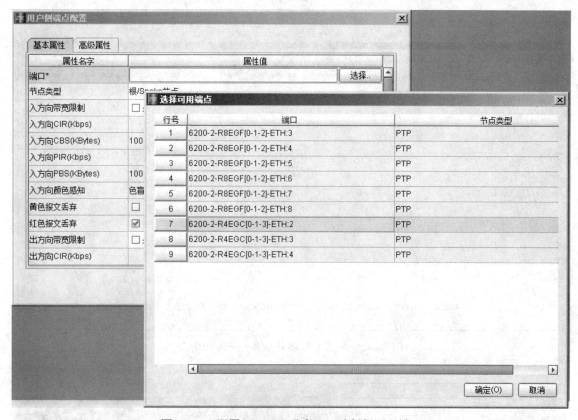

图 8-43 配置 EPTREE 业务——选择根网元端口

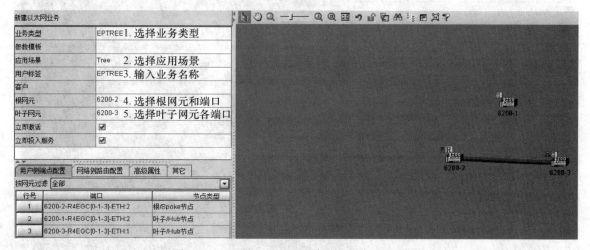

图 8-44 配置 EPTREE 业务——添加网元结果

4）步骤四：业务验证

在拓扑管理视图中选择菜单项【业务】→【业务管理器】，弹出【业务管理器】对话框，如图 8-47 所示。点击【业务过滤】，出现已配置的以太网业务、隧道和伪线信息。点击以太网业务【EPTREE】，在对话框右下方显示该业务拓扑图，左下方显示该业务所有伪线和隧道信息。

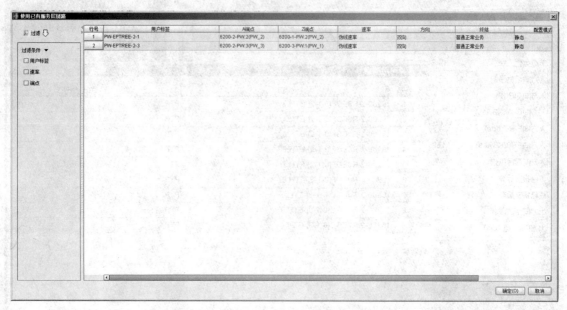

图 8-45　配置 EPTREE 业务——添加伪线

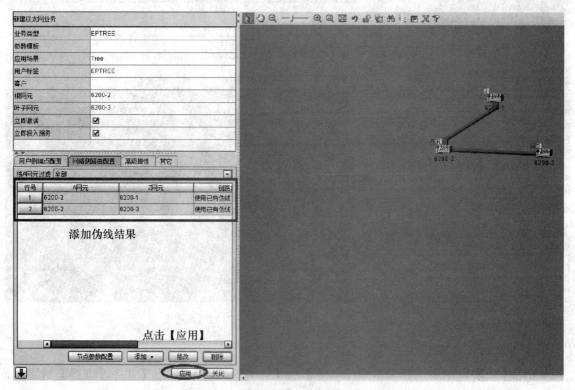

图 8-46　配置 EPTREE 业务——结果

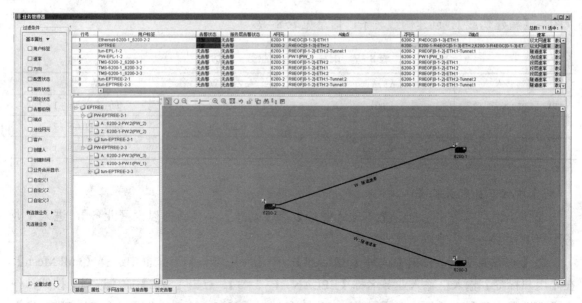

图 8-47　配置 EPTREE——业务管理器

进行两次测试，分别测试 EPTREE 中两条路径是否连通，测试方法见表 8-5。两次测试 A 计算机和 B 计算机都能 ping 通，说明业务配置成功。

表 8-5　配置 EPLAN——业务验证

测试内容	以太网方式连接		以太网方式连接	
6200-2 到 6200-1 间业务	6200-2 的 R4EGC 板的 2 号电接口	A 计算机	6200-1 的 R4EGC 板的 2 号电接口	B 计算机
6200-2 到 6200-3 间业务	6200-2 的 R4EGC 板的 2 号电接口	A 计算机	6200-3 的 R4EGC 板的 1 号电接口	B 计算机

8.4.3　配置 EPLAN 业务

配置以太网业务 EPLAN 步骤如下。

1）步骤一：配置隧道

在拓扑管理视图中，选择菜单项【业务】→【新建】→【新建静态隧道】，进入【业务配置】视图→【新建静态隧道】。创建无保护静态隧道三条，信息见表 8-6。

表 8-6　配置 EPLAN 业务——静态隧道

隧道名称	保护	A 端点	Z 端点
tun-EPLAN-1-2	无保护	6200-1	6200-2
tun-EPLAN-2-3	无保护	6200-2	6200-3
tun-EPLAN-1-3	无保护	6200-1	6200-3

2）步骤二：配置伪线

在拓扑管理视图中，选择菜单项【业务】→【新建】→【新建伪线】，进入【业务配置】

视图→【新建伪线】。创建伪线三条，信息见表8-7。

表8-7　配置EPLAN业务——伪线

伪线名称	A1端点	Z1端点	隧道绑定
PW-EPLAN-1-2	6200-1	6200-2	tun-EPLAN-1-2
PW-EPLAN-2-3	6200-2	6200-3	tun-EPLAN-2-3
PW-EPLAN-1-3	6200-1	6200-3	tun-EPLAN-1-3

3）步骤三：配置业务

在拓扑管理视图中，选择菜单项【业务】→【新建】→【新建以太网业务】，进入【业务配置】视图→【新建以太网业务】。

在【业务类型】下拉框中选择【EPLAN】，在【应用场景】下拉框中选择【Full Mesh】。在【用户标签】输入框输入业务名称【EPLAN-1-2-3】。点击【SPE】的【选择】按钮，弹出【请选择网元】对话框，选择网元6200-1和端口【6200-1-R4EGC[0-1-3]-ETH：3】、网元6200-2和端口【6200-2-R4EGC[0-1-3]-ETH：3】、网元6200-3和端口【6200-3-R4EGC[0-1-3]-ETH：3】，结果如图8-48所示。

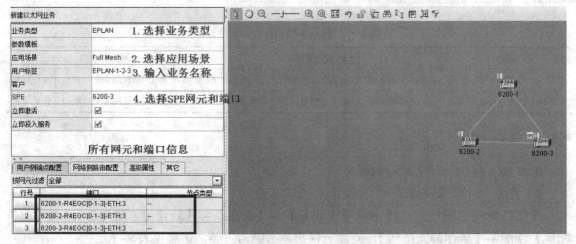

图8-48　配置EPLAN业务——添加网元结果

点击【网络侧路由配置】选项卡，点击【添加】按钮，再选择【使用已有服务层链路】，弹出【使用已有服务层链路】对话框，依次选择已建立的三条伪线【PW-EPLAN-1-2】、【PW-EPLAN-2-3】、【PW-EPLAN-1-3】。最后点击【应用】按钮，完成EPLAN业务配置。

4）步骤四：业务验证

在拓扑管理视图中选择菜单项【业务】→【业务管理器】，弹出【业务管理器】对话框，如图8-49所示。点击【业务过滤】，出现已配置的以太网业务、隧道和伪线信息。点击以太网业务【EPLAN-1-2-3】，在对话框右下方显示该业务拓扑图，左下方显示该业务所有伪线和隧道信息。

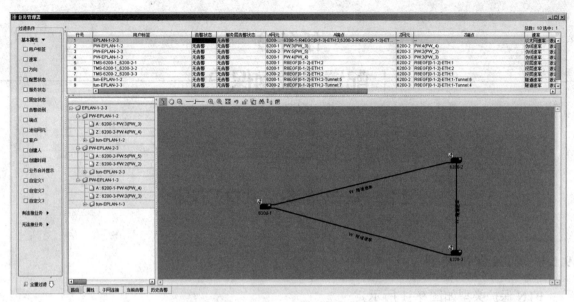

图 8-49　配置 EPLAN——业务管理器

进行三次测试，分别测试 EPLAN 中三条路径是否连通，测试方法见表 8-8。三次测试 A 计算机和 B 计算机都能 ping 通，说明业务配置成功。

表 8-8　配置 EPLAN——业务验证

测试内容	以太网方式连接		以太网方式连接	
6200-1 到 6200-2 间业务	6200-1 的 R4EGC 板的 3 号电接口	A 计算机	6200-2 的 R4EGC 板的 3 号电接口	B 计算机
6200-2 到 6200-3 间业务	6200-2 的 R4EGC 板的 3 号电接口	A 计算机	6200-3 的 R4EGC 板的 3 号电接口	B 计算机
6200-1 到 6200-3 间业务	6200-1 的 R4EGC 板的 3 号电接口	A 计算机	6200-3 的 R4EGC 板的 3 号电接口	B 计算机

任务 9

配置承载网保护

9.1 知识准备：PTN 保护

9.1.1 PTN 保护类型

PTN 保护类型如图 9-1 所示。

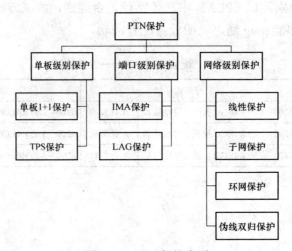

图 9-1 PTN 保护类型

9.1.2 PTN 保护原理解析及应用

1. 单板级别保护

设备单板保护见表 9-1。说明如下：目前 6200/6300/9000 的主控为 1+1 保护。6000 的电源为 1+1 保护。9000 的交流电源为 2+1 保护；直流为 1+1 保护。6300 上的 TPS 1:2 保护，实现在 Slot1 及 Slot2 上，上面的两个单板为 E1 接口板，低速槽位为 E1 的处理板，该保护在 6300 的 2.0 版本后将会提供。

表 9-1 设备单板保护

冗余单元	核心节点	汇聚节点	接入节点
交换	$n+1/1+1$	$1+1$	无或 $1+1$
主控	$1+1$	$1+1$	无或 $1+1$
时钟	$1+1$	$1+1$	无或 $1+1$
电源	$1+1$	$1+1$	无或 $1+1$
风扇	$1+1$	$1+1$	无或 $1+1$

ZXCTN 6300 槽位如图 9-2 所示。R16E1B、RE1PI 和接口板配合,可以实现 2 组 1:2 TPS 保护。

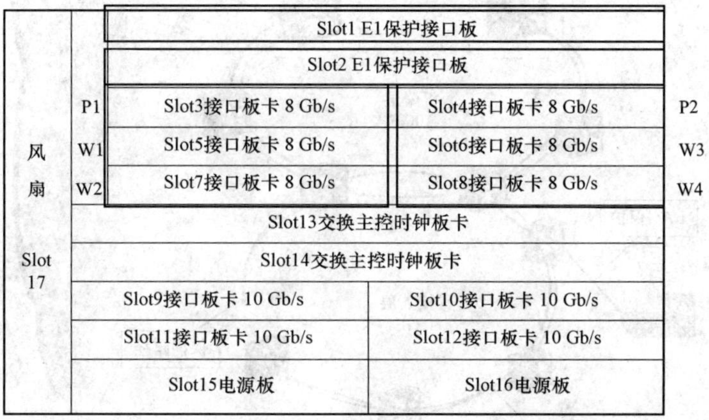

		Slot1 E1保护接口板		
		Slot2 E1保护接口板		
风扇 Slot 17	P1	Slot3接口板卡 8 Gb/s	Slot4接口板卡 8 Gb/s	P2
	W1	Slot5接口板卡 8 Gb/s	Slot6接口板卡 8 Gb/s	W3
	W2	Slot7接口板卡 8 Gb/s	Slot8接口板卡 8 Gb/s	W4
		Slot13交换主控时钟板卡		
		Slot14交换主控时钟板卡		
		Slot9接口板卡 10 Gb/s	Slot10接口板卡 10 Gb/s	
		Slot11接口板卡 10 Gb/s	Slot12接口板卡 10 Gb/s	
		Slot15电源板	Slot16电源板	

图 9-2 ZXCTN 6300 槽位

说明:保护板 P1 保护工作板 W1、W2。保护板 P2 保护工作板 W3、W4。接口板 Slot 1 的前 16 个 E1 接口与处理板 Slot 6 对应;接口板 Slot 1 的后 16 个 E1 接口与处理板 Slot 8 对应;接口板 Slot 2 的前 16 个 E1 接口与处理板 Slot 5 对应;接口板 Slot 2 的后 16 个 E1 接口与处理板 Slot 7 对应。

2. 端口级别保护

1)LAG 端口保护

LAG 端口保护可满足 PTN 的业务落地 PE 点同业务节点之间的以太网业务的端口冗余保护。常用于和客户相对接的端口。应用场景见表 9-2。网络拓扑结构如图 9-3 所示。

表 9-2 LAG 端口保护应用场景

应用场景	保护方式
PTN 与 RNC 之间	LAG 保护(主备/负载分担)
PTN 与 SR/交换机之间	LAG 保护(负载分担)
PTN 与 MSTP 对接	MSP 保护/LAG 保护

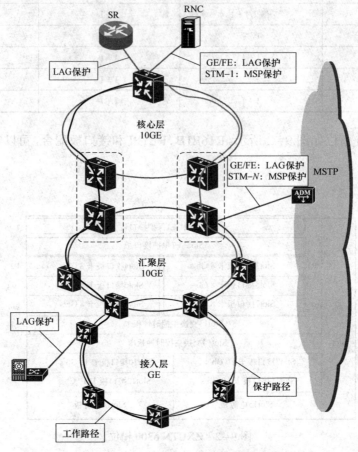

图9-3 LAG端口保护网络拓扑结构

方式1：主备方式，采用主备方式LAG时，流量只在一个端口里传送，主端口有流量，备端口没有流量。

方式2：负载分担方式，该情况下，将流量统一分配到两个端口上进行传送。区分流量的方式可基于目的IP或者目的MAC、源MAC等方法；负载分担的方式可支持2～16个端口，目前常用于UNI端口的保护。

2）IMA端口保护

IMA保护是指：如果IMA组中一条链路失效，信元会被负载分担到其他正常链路上进行传送，从而达到保护业务的目的。IMA组在每一个IMA虚连接的端点处终止。在发送方向上，从ATM层接收到的信元流以信元为基础，被分配到IMA组中的多个物理链路上。而在接收端，从不同物理链路上接收到的信元，以信元为基础，被重新组合成与初始信元流一样的信元流，如图9-4所示。

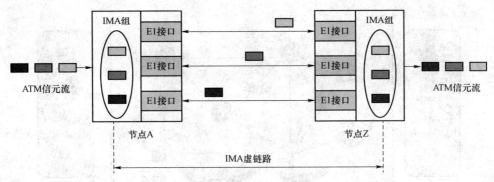

图 9-4 IMA 传输示意图

3. 网络级别保护

1）1+1/1:1 线性保护

1+1/1:1 线性保护原理如图 9-5 所示。倒换原理简析：PE 点检测 TMP 层的 OAM 报文，每 3.3 ms 发送 OAM 检测帧；若本端在 3.5 个周期未收到远端的 CC 报文，则触发本端隧道保护倒换。倒换以及桥接点均为 PE 节点。

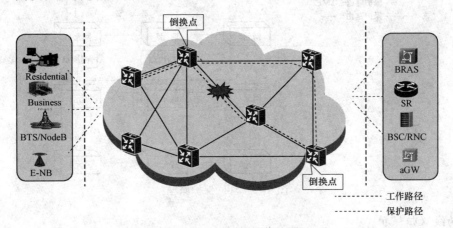

图 9-5 1+1/1:1 线性保护原理

1:1 单发单收，应用 APS 协议进行双向倒换，支持任何类型业务；现网中常用。

1+1 双发选收，选收的端口为默认的工作端口；本端和远端均为单向倒换；支持点到点业务。

2）1+1/1:1 SNC 子网保护

1+1/1:1 SNC 子网保护原理如图 9-6 所示。倒换原理简析：大部分特点与线性保护相同。不同点在于倒换以及桥接点可为 P 节点或 PE 节点。常应用于和别的厂家对接的时候，只保护我司侧的设备。也应用于环带链的组网方式，环网启用环网保护，在环带链的相接点配置子网保护。

3）环网保护

环网保护原理如图 9-7 所示。倒换原理简析：检测的为 TMS 的 OAM 报文，倒换点为出现故障的两个相接点；故障点倒换将业务隧道倒换至环形保护隧道上。

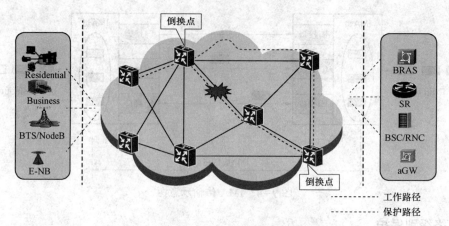

图 9-6　1+1/1:1 SNC 子网保护原理

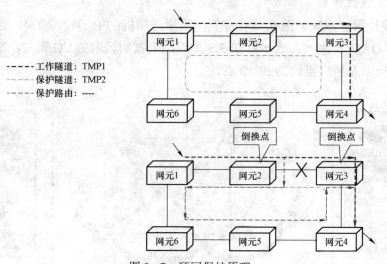

图 9-7　环网保护原理

4）伪线双归保护

双归保护是结合 LSP1:1/1+1 路径保护和 PW 保护来实现的保护机制。伪线双归保护原理如图 9-8 所示。断纤 1：属于 PTN 网络内部故障，TMP-LOC 触发隧道倒换。断纤 2：属于 PTN 和业务侧网络层间故障，TMC-CSF 触发伪线倒换。

倒换原理简析：

对于 RNC 采用 LAG 主备方式的情况：主伪线需和隧道保护组同时存在，主要是为了防止 PTN 网络内部断纤，而此时 RNC 不会倒换；PTN 内部网络仍可将业务倒换至主接收节点，保证业务不会中断。

对于 RNC 采用 LAG 负载分担的情况：进行伪线选收的节点采用双收单发的实现方式；对于某个基站，RNC 的 LAG 负载分担是依据基站的 IP 地址进行分流的。所以对于某个基站的业务流也是进行单收。对于这种情况不采用隧道保护即可。

伪线双归的保护倒换不依赖 APS 进行倒换，只依据本端的 LOC 和 CSF 倒换。1:1 和 1+1 的差别仅在于单发和双发的差别。双发双收属于早期的应用，目前已经不再应用；双收单发在现场暂时用得不是很多。若伪线双归的主伪线要绑定隧道保护组，那么这组隧道保护组必须配置为 1:1 的 LSP 保护。

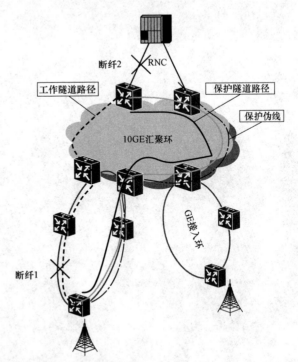

图 9-8　伪线双归保护原理

模块 4

OTN

任务 10
构建 OTN 光传送网

10.1 知识准备：DWDM 概述

10.1.1 DWDM 的基本概念

波分复用 DWDM 是光纤通信中的一种传输技术，它是利用一根光纤可以同时传输多个不同波长的光载波特点，把光纤可能应用的波长范围划分为若干个波段，每个波段用作一个独立的通道传输一种预定波长的光信号技术，如图 10-1 所示。

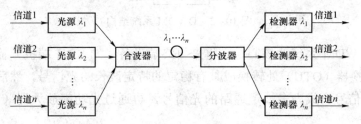

图 10-1 DWDM 工作原理示意图

波分复用技术（WDM）是将 1 310 μm 和 1 550 μm 的两波分复用，新的 WDM 系统只用 1 550 窗口，称之为密集波分复用系统，即 DWDM 系统。DWDM 系统是一个与业务无关的系统，它可以承载各种格式的信号，即 PDH、SDH、ATM、IP 信号均是 DWDM 所承载的业务。一般 PDH 与 ATM 是封装在 SDH 后再进入 DWDM 系统，因此 DWDM 主要承载的业务信号是 SDH。

10.1.2 DWDM 技术的主要特点

1）节约光纤资源

DWMD 技术能在一根物理光纤上提供多个虚拟的光纤通道。

2）升级扩容方便

只要增加复用光通路数量与相关设备，就可以增加系统的传输容量。

3）实现超长距离传输

EDFA（掺铒光纤放大器）可对 DWDM 系统的各复用光通路的信号同时进行放大，以实现系统的超长距离传输。

10.1.3 DWDM 系统的基本结构

一般来说，DWDM 系统主要由以下五部分组成：光发射机、光中继放大、光接收机、光监控信道和网络管理系统，如图 10-2 所示。

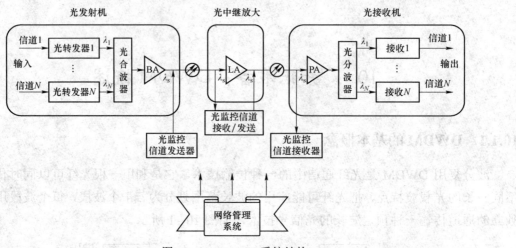

图 10-2　DWDM 系统结构

光发射机是 WDM 系统的核心，它将来自终端设备（如 SDH 端机）输出的非特定波长光信号，在光转换器（OTU）处转换成具有稳定的特定波长的光信号，然后利用光合波器将各大路单波道光信号合成为多波道通路的光信号，再通过光功率放大器（BA）放大后输出多通路光信号。

经过长距离光纤传输后（80～120 km），需要对光信号进行光中继放大。目前使用的光放大器多为掺铒光纤放大器（EDFA）。

在光接收机中，前置放大器（PA）放大经传输而衰减的主信道光信号，采用分波器从主信道光信号中分出特定波长的光信道。再经 OTU 转换成原终端设备所具有的非特定波长的光信号。

光监控信道主要功能是监控系统内各信道的传输情况，帧同步字节、公务字节和网管所用的开销字节等都是通过光监控信道来传递的。网络管理系统通过光监控信道物理层传送开销字节到其他节点或接收来自其他节点的开销字节对 DWDM 系统进行管理。

10.1.4 DWDM 系统的组网方式

1. DWDM 系统的两种基本形式

1）双纤单向传输特点

需要两根光纤实现双向传输。在同一根光纤上所有光通道的光波传输方向一致。对于同一个终端设备，收、发波长可以占用一个相同的波长，如图 10-3 所示。

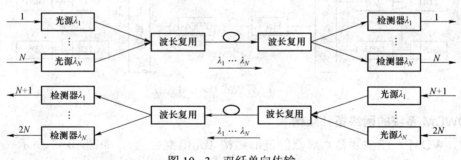

图 10-3　双纤单向传输

2）单纤双向传输特点

只需要一根光纤实现双向传输。在同一根光纤上，光波同时向两个方向传输。对于同一个终端设备，收、发波长可以占用不同的波长，如图 10-4 所示。

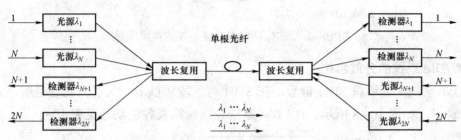

图 10-4　单纤双向传输

2. DWDM 系统的两种应用结构

1）集成式 DWDM 系统特点

DWDM 设备不需要 OTU。对 SDH 设备接口必须满足 G.692 标准。每个 SDH 信道不能互通。SDH 与 DWDM 设备应是同一个厂家生产，才能达到波长接口的一致性。不能横向联网，不利于网络的扩容，如图 10-5 所示。

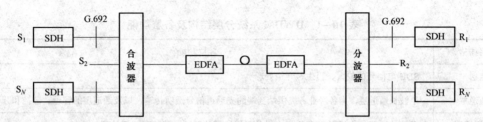

图 10-5　集成式 DWDM 系统

2）开放式 DWDM 系统特点

DWDM 设备需要增加 OTU 器件，复用波数越多，增加的 OTU 器件越多；对 SDH 设备无特殊要求，只要符合 G.957 标准即可；利于横向联网和网络的扩容，如图 10-6 所示。

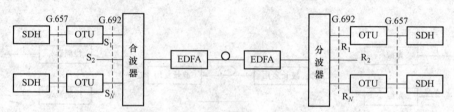

图 10-6 开放式 DWDM 系统

3. DWDM 系统的网络拓扑结构

目前，WDM 系统主要是点对点的链形结构（光电混合器），如图 10-7 所示。今后，随着 OADM（光分插复用器）和 OXC（光交叉连接器）的发展技术成熟，将组成环形网和网状网，以提高网络的生存性和可靠性。

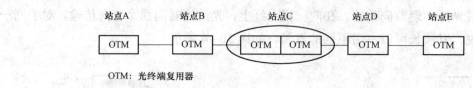

OTM: 光终端复用器

图 10-7 点对点型 DWDM 系统的典型组网

4. DWDM 系统的分层结构

DWDM 系统主要承载 SDH 信号，在 SDH 再生段层以下，又引入光通道层、光复用段层和光传输层，如图 10-8 所示。DWDM 系统分层结构及各层功能见表 10-1。

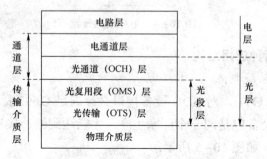

图 10-8 DWDM 系统的分层结构

表 10-1 DWDM 系统分层结构及各层功能

分层结构	各层功能
电层	SDH 电信号的放大、再生、开销处理
光通道层	单波长通道层，为各种业务提供端到端的光通道信号透明传输，以及通道层的管理、监控和开销处理
光复用段层	多波长光信号的复用/解复用层，以及复用段层的管理、监控和开销处理
光传输层	多波长光信号的传输、放大、色散管理、监控等功能
物理层	G.652＋DCF G.655 光纤

10.1.5　DWDM 系统的关键技术

1. 光源技术

1）波长稳定问题的解决方法

（1）精密的管芯温度控制技术。

（2）波长反馈控制技术。

2）提高光源色散容限的方法

采用外调制技术。

2. 光波分复用/解复用器（合波/分波器）

光波分解复用技术主要包括阵列波导技术、衍射光栅技术、干涉薄膜技术和光纤光栅技术等，还包括耦合器技术，如图 10-9 所示。

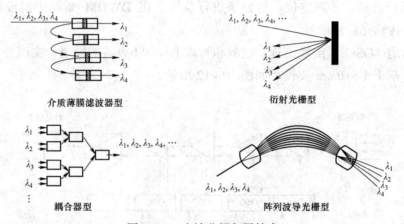

图 10-9　光波分解复用技术

3. 掺铒光纤放大器（EDFA）

EDFA 主要是由掺铒光纤（EDF）、泵浦光源、光耦合器、光隔离器、光滤波器等组成。EDFA 是固体激光技术与光纤制造技术结合的产物，其关键技术是掺铒光纤和泵浦源，如图 10-10 所示。

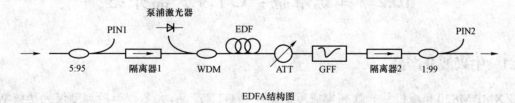

EDFA结构图

图 10-10　掺铒光纤放大器（EDFA）

4. 光转换器（OTU）

OTU 采用光—电—光变换的方法实现波长转换，首先利用光电探测器将从 SDH 光端机过来的光信号转换成电信号，经过限幅放大、时钟提取、数据再生后，再将电信号调制到激光器或外调制器上，如图 10-11 所示。

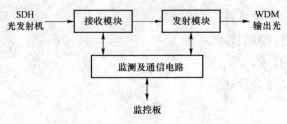

图 10-11   光转换器（OTU）

5. DWDM 系统的监控技术

DWDM 系统的监控主要是对光器件 OTU、分波/合波器、EDFA 等监控，对光纤线路运行情况，如运行质量、故障定位、告警等进行监控。在 DWDM 系统中需设置光监控信道（OSC），用以传输光监控信号。

光监控通道（OSC）：实现监视、控制和管理 DWDM 设备的通道。实现公务联络。独立于主光通道，基于 1 510 nm 波长，如图 10-12 所示。

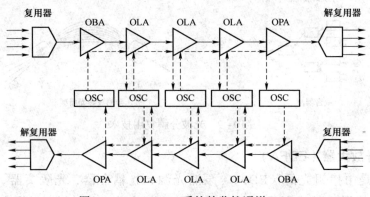

图 10-12   DWDM 系统的监控通道 OSC

10.2   知识准备：OTN 产品介绍

10.2.1   中兴波分产品

ZXMP M820 光端机是一款高集成度的紧凑型 OTN 产品，大多数单板高度仅为传统 WDH 设备的一半，其单子架高度为 9.5U。中兴 M820 传输设备单个机架构成的 OTN 节点可实现 80 波 10 Gb/s 的接入能力，可以接入 26 波 10 Gb/s 或者 104 个 GE。物理参数见表 10-2。设备外形如图 10-13 所示。

表 10－2　ZXMP M820 物理参数

子架尺寸	533 mm（宽）×422 mm（高）×286 mm（深）
电源	DC－48 V（－60～－36 V）
机架	ETS 标准机柜
设备功耗	80 波满配置功耗：2 300 W
环境参数	工作温度：0～＋45 ℃（长期运行）；－5～＋50 ℃（短期运行）；工作湿度：10%～90%

图 10－13　ZXMP M820 设备外形图

10.2.2　华为波分产品

1. OptiX OSN 6800 系统概述

华为波分产品 OSN 6800 具备汇聚、传送和交叉能力，支持两层动态流量疏导结构（光交叉连接、ODU 交叉连接），集成了 GMPLS 智能控制平面，并具备 WDM 的大容量长距离传送优势。平台采用 ROADM、可调光模块、ASON/GMPLS、40 G、100 G 等先进技术，架构极为灵活。参数见表 10－3。设备外形如图 10－14 所示。

表 10－3　OSN 6800 参数

子架尺寸	400 mm（高）（9U）×486 mm（宽）×290 mm（深）
电源	DC－48 V±20%/－60 V±20%；两路直流电源输入，互相备份
机架	ETS 标准机柜，可容纳 4 子架
槽位	单子架 21 个槽位，其中 16 个通用 OTU 槽位
接入	支持 40 波 DWDM，可升级到 80 波；支持 18 波 CWDM
传输距离	支持无电中继 1 500 km（16×22 dB），单跨：1×42 dB
保护	支持集中交叉，支持智能特性，交叉、主控、电源双备份

图 10−14　OSN 6800 设备外形图

2. OptiX OSN 3800 系统概述

华为波分产品 OSN 3800 采用全新的架构设备，可配合 OSN 6800 实现动态的光层调度和灵活的电层调度。参数见表 10−4。设备外形如图 10−15 所示。

表 10−4　OSN 3800 参数

子架尺寸	133 mm（高）（9U）×436 mm（宽）×290 mm（深）
兼容	板卡和软件完全兼容 OSN 6800
机架	ETS 标准机柜，可容纳 4 子架
槽位	单子架 11 个槽位，其中 4 个通用 OTU 槽位
接入	支持 40 波 DWDM，支持 18 波 CWDM
保护	支持主控、电源双备份，支持交流电源输入

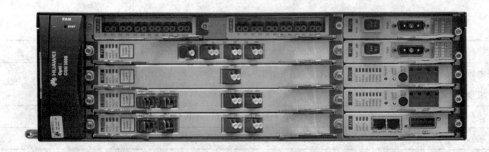

图 10−15　OSN 3800 设备外形图